なぜ豊岡は世界に注目されるのか

治
Nakagai Muneharu

a pilot of wisdom

目次

本書に登場する名称、人物の肩書き・役職名はすべて当時のものです。

図版制作／クリエイティブメッセンジャー

豊岡市基本データ

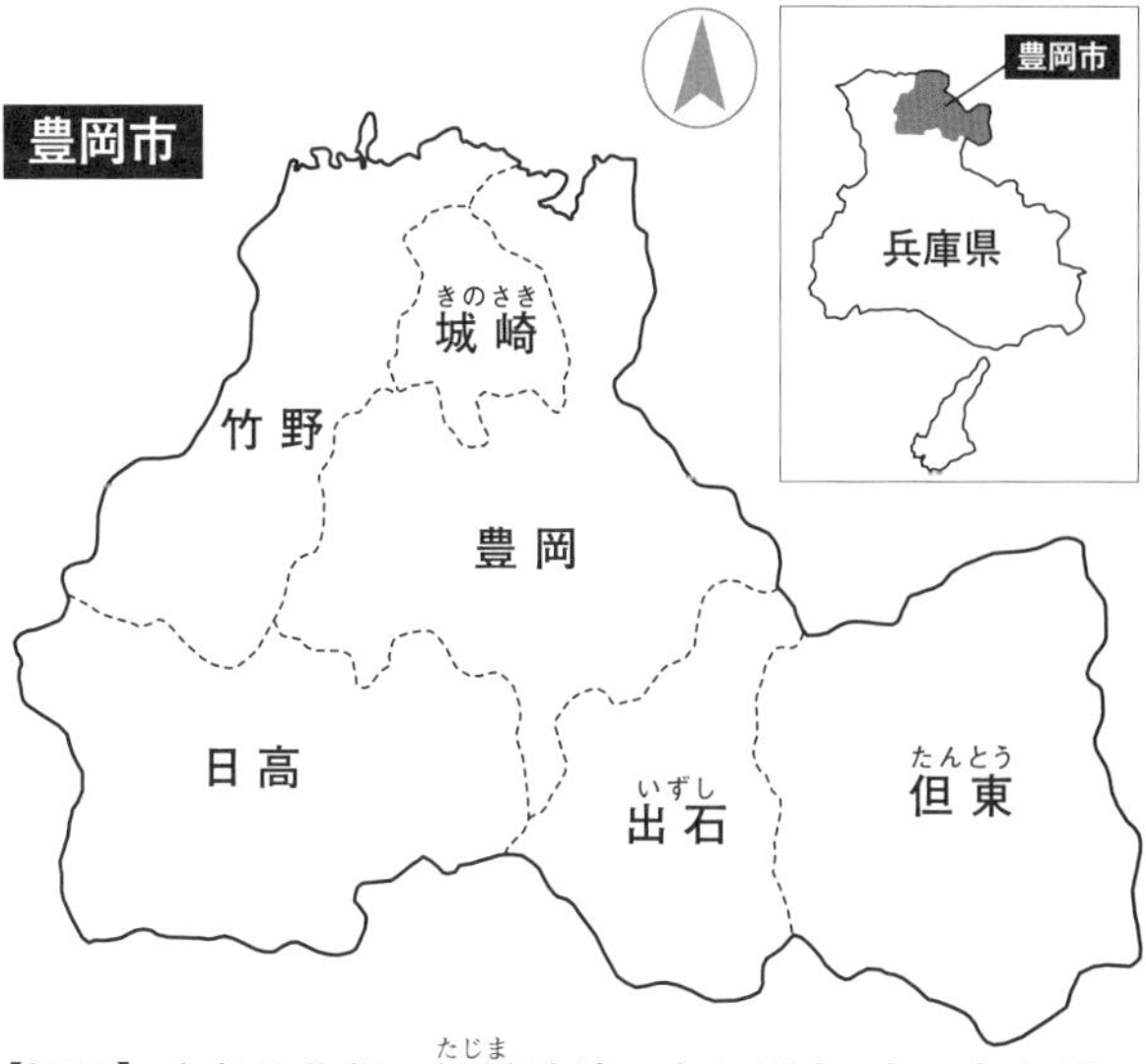

【概要】兵庫県北部の但馬《たじま》地域の中心都市。市の中央部に円山《まるやま》川が流れ、豊岡盆地を形成。2005年に1市5町（豊岡市、城崎町、竹野町、日高町、出石町、但東町）が合併し新制「豊岡市」が発足。

【人口】77,489人（出典／2020年国勢調査）

【面積】697.55平方キロメートル

【気候】日本海側気候。2022年の最高気温38.4度
同最低気温マイナス3.6度（出典／気象庁）

【交通】鉄道で大阪駅から豊岡駅まで約2時間30分、航空機で大阪国際（伊丹《いたみ》）空港からコウノトリ但馬空港まで約40分、羽田空港から大阪国際空港乗り継ぎでコウノトリ但馬空港まで約2時間。

はじめに

「五年でアジア・ナンバー1、一〇年で世界有数の演劇祭にします」

二〇二〇年、豊岡演劇祭を始めるにあたって、フェスティバルディレクターの劇作家・平田オリザさんが私たちに伝えた言葉です。片田舎の小さなまちでそんなことが可能なのかと訝《いぶか》る私たちに、平田さんは、事もなげにこう続けました。

「カンヌ国際映画祭のカンヌの人口は七万人、世界で最も成功した演劇祭の一つ、アヴィニヨン演劇祭のアヴィニヨンは九万人、豊岡は八万人弱。まったく問題ありません」

「確かにそうだ」

私たちは、納得しました。

コロナ禍で開催された豊岡演劇祭2020は、日本中でさまざまな公演が中止となる中で「表現の場を守った」という思いがけない評価も得て、上々のスタートとなりました。

私は、約三〇年間――最初の一〇年間は兵庫県議会議員として、後の二〇年間は豊岡市長として――豊岡のまちづくりに携わってきました。

まちづくりは、ある事柄が、「私」にではなく、「私たち」にとってどういう意味を持つのかに関わる営みです。

まちづくりの主体である「私たち」には、そこに住む人々はもちろん、まちづくりに共鳴して外から関わる人々も含まれます。その「コミュニティ」をどこまで広げることができるか。私たちは、それを世界にまで広げる努力を重ねてきました。

兵庫県の北部に位置し、但馬《たじま》地方にある豊岡は、「小さな世界都市－Local & Global City－」を目指しています。

私たちは、「小さな世界都市」を、「人口規模は小さくても、世界の人々に尊敬され、尊重されるまち」と定義しています。

大都市との格差是正に汲々《きゅうきゅう》とするのでなく、世界を絶えず意識して、世界に通用する「ローカル」を磨き上げて世界で輝く。そのことを通じて、「小さくてもいいのだ」という堂々たる態度のまちを創ろうという戦略が、「小さな世界都市」です。

これまでに豊岡は、野外で絶滅したコウノトリを人工飼育で繁殖させて再び人里に帰すという、世界で初めての試みに成功しています。

演劇やダンスなどのパフォーミングアーツに特化したアーティスト・イン・レジデンスの施設「城崎《きのさき》国際アートセンター（ＫＩＡＣ）」には、世界中からアーティストが滞在制作に続々と訪れ、世界的な認知度を確立しつつあります。

加えて、冒頭で紹介した日本を代表する劇作家で演出家でもある平田オリザさんが移住し、平田さん主宰の劇団青年団も、活動の拠点を豊岡に構えました。さらにアートと観光の両方を学ぶことができる日本初の大学、「芸術文化観光専門職大学」ができ、平田さんが学長に就任するなど、アートの分野でも大きな注目を浴びるようになりました。

インバウンドも、市内の城崎温泉ではコロナ禍前は八年間で四五倍、市全体では五七倍に増えるなど、目覚ましい伸びを示してきました。

「小さな世界都市」への道のりは、まだ途上でしかありませんが、着実に前に進んできました。

本書では、「小さな世界都市」が持つ可能性について、私たちの三〇年にわたる豊岡での実践を基に論じたいと思います。「小さな世界都市」は、地方創生、すなわち、日本の地方で急速に進む人口減少への対応策の旗印となりうると確信しています。

地方における人口減少の最大の要因は、多くの場合、若者、特に若い女性の流出にあります。「生きる場」として彼ら、彼女らに選ばれていないのです。選ばれているのは大都市、象徴的には東京です。経済的にも、文化的にも、社会的にも、大都市が持つ圧倒的な魅力が、人々を大都市へと惹《ひ》きつけてきました。

とすると、人口減少対策としての地方創生で私たちがやるべきことは、地方に暮らす突き抜けた価値の創造、生きる場としての突き抜けた魅力の創造です。その旗印として私たちが掲げたのが、「小さな世界都市 – Local & Global City –」です。

問題は、その「突き抜け方」です。

大都市と地方の資本力の差は歴然です。大きさや高さ、速さを競っていたのでは、小さなまちは、「突き抜ける」どころか、土俵に上がることすらできません。

キーワードは、「深さ」と「広がり」です。

「深さ」というのは、その地の自然、歴史、伝統、文化に根差すことを意味しています。それぞれの地方の自然、歴史、伝統、文化を「資本」として捉え、そこに新たな価値を付与して磨き上げるということです。

私たちは、「小さな世界都市」の「小さな」を、「Small」ではなく「Local」と訳していますが、その地のローカルなものに深く根差すという意味を込めています。「小さな」とはローカルのことだという認識に、私たちは、長い実践の中で辿《たど》り着きました。

「広がり」というのは、端的に、世界とつながることを意味しています。かつては、地方の小さなまちが世界と直接つながることは、ほとんど不可能でした。しかし、今や小中学生でも自分たちのことを世界に向けて発信し、世界の人々とつながることが可能になっています。

世界は（そして日本も）グローバル化によって急速に同じ顔になりつつある一方、今なお、互いに違う顔をしたマルチ・ローカル、つまり「ローカルの複合体」です。

ローカルを障壁と捉えて画一化したいと考える世界観もあれば、ローカルが並び立ち繚乱《りょうらん》する世界を楽しみたいと考える世界観もあります。私たちの「小さな世界都市」が前提とするのは、後者です。マルチ・ローカルという言葉で表現されるその複合体こそが、私たちの「主戦場」です。

地方創生とは、「より大きく、より高く、より速いものこそが偉い」とする一元的な価値観との闘いであるとも言えます。豊岡は、「深さ」と「広がり」を極めていこうと努力を重ねてきました。

「小さな世界都市」という言葉は、しかし、「具体的に何でもって世界に突き抜けるか」については何も語ってはいません。それぞれの地にさまざまな可能性があるはずです。あるまちが、仮に「小さな世界都市」を目指すとして、「ローカル」のどの部分にどのような光を当て、世界に飛び立つためのエンジンにするのかは、それぞれの地のやり方があります。

豊岡の場合は、①コウノトリの野生復帰、②受け継いできた大切なものを守り、育て、引き継ぐまちづくり、③深さをもった演劇のまちづくり、④ジェンダーギャップ解消の四つです。これを世界で輝くためのエンジンとして位置づけています。

地方が若者、とりわけ若い女性に選ばれていないということは先に述べた通りです。その理由は、第一に経済的魅力に乏しいことにあります。そのため、これまでは仕事を創り出すことに力が注がれてきました。

もちろん経済は重要です。しかし、人が「生きる」場として考えた場合、地方が文化的魅力に乏しいことも「選ばれない」大きな理由の一つです。優れたアートに触れる機会はめったにありません。豊岡の例で「深さをもった演劇のまちづくり」が注力するものの中に入っているのは、そういうわけです。

そしてもう一つ。

「女・子どもは黙っていろ」という地方の風土が、若者、とりわけ若い女性にとって経済的・文化的・社会的魅力を削《そ》いでいることにも目を向ける必要があります。仮に仕事がそれなりにあったとしても、「黙っていろ」と言われるところに帰ってくる人、入ってくる人は、そう多くありません。その風土の象徴とも言える強いジェンダーギャップの存在は、エンジンが逆噴射しているようなものです。

豊岡の「小さな世界都市」の挑戦は、まだまだ途上にあります。しかし、「途上である」こと自体にも意味があります。

経済的にも、文化的にも、社会的にも、「突き抜けて面白いまち」を本気で創ろうとしていると、それを意気に感じた人々が自らの挑戦をかけてやってくる、帰ってくる。そうすることでまちが蘇《よみがえ》る。そのストーリーを推し進めようということです。むしろ、なお不完全であることが、創造性に富んだ人々を惹きつけるのだと思います。

「そんなことを言うけど、豊岡は特別なのではないか。自分たちのまちには、コウノトリのような、皆がうらやむシンボルはない」と言われることがあります。

確かに、白くて大きなコウノトリは、まちづくりのシンボルとしてうってつけのように見えます。

しかし、かつてコウノトリは田んぼに植えたばかりの苗を踏み荒らす「害鳥」でした。そのコウノトリは、今や「豊かな環境のシンボル」です。この間、コウノトリ自身は何も変わっていません。変わったのは、人間の方です。人間が価値観を変えたのにすぎません。

自分たちの地域を「深さ」と「広がり」の中で理解し、そこにあるものに新たな価値を見出《みいだ》して「資源」と捉え直すことは、それぞれの地域に即したやり方で可能であり、地方創生の極めて有力な、そして地方に残された数少ない戦略の一つと言えます。

さらに付け加えると、「小さな世界都市」という言葉を使うかどうかは別として、日本の各地がそれぞれのローカルを磨き、輝きを増すとするなら、その総和として日本全体も世界の中でさらに輝きを増していくはずです。その意味で、「小さな世界都市」は、日本の多様性戦略でもあります。

それではしばらく、「小さな世界都市」を目指す豊岡の物語にお付き合いください。

序章　「小さな世界都市」の萌芽《ほうが》

旅の始まり

一九九四年六月一四日――。

当時、兵庫県議会議員をしていた私は、豊岡駐在の新聞記者など一〇名と共に、ロシア・ブラゴベシチェンスクに向かうシベリア鉄道の列車の中にいました。

ハバロフスクを出発して三時間ほど経《た》った午後七時過ぎのこと。外はまだ真昼のように明るい時期でした。

ふと外を見た瞬間、白い鳥が目に入りました。私は思わず叫びました。

「池内さん！　大きな鳥が飛んでいる！」

ツアーリーダーの「雁《がん》の里親友の会」事務局長・池内俊雄さんが、寝台から飛び起きて窓の外を見ました。

「コウノトリです！」

「おお！」

私にとって、野生のコウノトリを見る初めての経験でした。

メンバー全員が、窓に張り付きました。

「やった！　コウノトリだ！」

「やった！　やった！」

延々と続く草原。紫のショウブ、黄色のカンゾウ、名前の分からない白い花が至る所に咲いていました。その上をコウノトリは低く飛んで、やがて見えなくなりました。


これは、「人間とコウノトリとどっちが大切なのか」という批判と誤解を受けつつも、「人々がコウノトリと共に生きる」とはどういうことなのかという、その具体的イメージを探る私の長い旅の始まりでした。それは同時に、豊岡が世界とつながる旅の始まりでもありました。

その後、私は、中国、香港《ホンコン》、フランス、ドイツ、オーストリア、韓国と、野生のコウノ

写真1　三江小学校の子どもたちとコウノトリ

撮影／田中博文

トリを追い求める旅をしながら、仲間たちと一緒に野生復帰への道を進んでいくことになります。しかし、そのときはまだ、自分自身が野生復帰をめぐる物語にどこまで深く巻き込まれていくのか、正直、見当もつきませんでした。

そして、二〇二二年一二月末――。

羽を広げると二メートルもある白い大きな鳥、環境破壊によって日本の野外で一度絶滅したコウノトリは、再び自由に日本の空を舞っています。その数、全国で三〇〇羽超。

豊岡では、円山《まるやま》川や出石《いずし》川の浅瀬に二〇羽以上のコウノトリが舞い降りている光景も見られるようになりました。

歩道を歩いていて、ふと気配を感じて見上げると、電柱の上にコウノトリが止まっていたりします。円山川の堤防では、川側から羽がきしむ音と共にコウノトリが突然姿を現し、目の前を横切っていくというようなことも普通に起こるようになりました。コウノトリと共に暮らす風景がまた戻ってきたのです（写真1）。

「はじめに」でも記した通り、本書のテーマは「小さな世界都市－Local & Global City－」というアイデアとそれを目指す具体例としての豊岡のまちづくりです。その始まりは、コウノトリの野生復帰でした。本書では、この長い物語を、一つひとつエピソードをつなぐような形で紡いでいきたいと思います。

まちが目指す目的地はどこか

ここで、豊岡を一つの大きな船にたとえてみます。

この船の中では、日々さまざまなことが起こります。子どもが病気になった→小児医療をどうするのか。おじいちゃんが寝たきりになってしまった→介護をどうするのか。食糧庫をカラスが食い荒らしている→どう退治するのか、などなど。船の中での仕事のほとんどは、このような日々生じる課題への対応に費やされています。

しかし、もう一つ忘れてはならないことがあります。それは、船は全体としてどこを目指すのか、という視点です。

船に向かって、「人口減少の加速」「地球環境問題の深刻化」「グローバル化の進展」など「大きな波」が次々と押し寄せてきます。しかも船の力は「人口減少」によって日々弱くなっています。どこに船を向けていけば、大波をうまく乗り越え、あるいは回避して、人々がより幸せを感じられるようになるのか。その目的地を決定するプロセスにはさまざまな形がありうるにしても、最終的に目的地を示し、人々を励まし、力を合わせて船を目的地に向けて進めていくのは、リーダーの仕事です。

私自身、そのことを絶えず意識し、目的地を探り、「小さな世界都市」こそが豊岡の目指す目的地だと訴えてきました。*

＊ただし、市のまちづくりの基本を定めた「基本構想」では、「小さな世界都市」は中間目標であって、最終の目的地は「いのちへの共感に満ちたまち」としています。

図1　豊岡市の将来人口推計

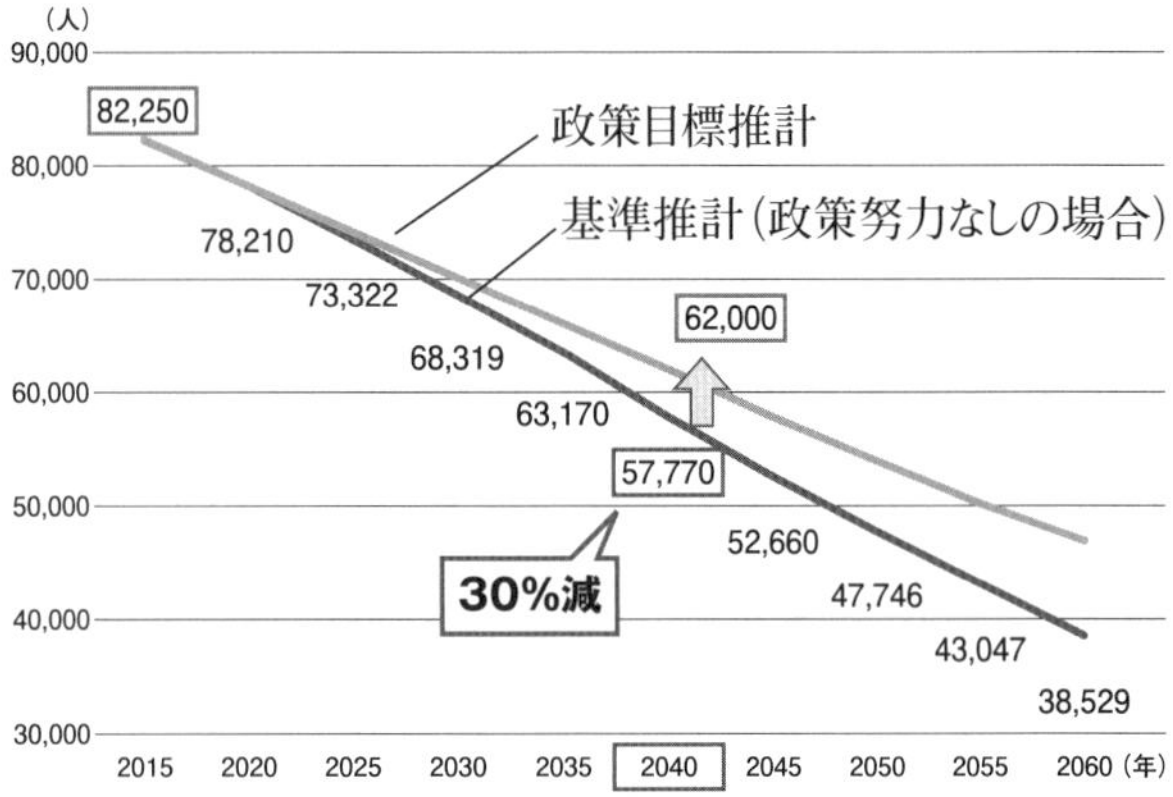

出典／豊岡市人口ビジョン（2020年2月）

地方創生とは何か?

地方創生とは、地方の人口減少対策です。

人口減少対策には、「量的緩和」と「質的転換」の二つの側面があります。

日本全体が人口減少に転じています。この傾向は、今後相当期間変わることはありません。特に地方ほど人口減少が顕著です。若者の流出がその最大の要因です。豊岡でも、二〇一五年に約八万二千人だった人口が、特に何もしなければ、二〇四〇年には約五万八千人に減少すると推計されています。実に約三〇パーセントの減です（図1）。

この量の圧倒的な破壊力を無視してはなりません。しかし、人口減少は止められない。

図2　豊岡市の人口推移

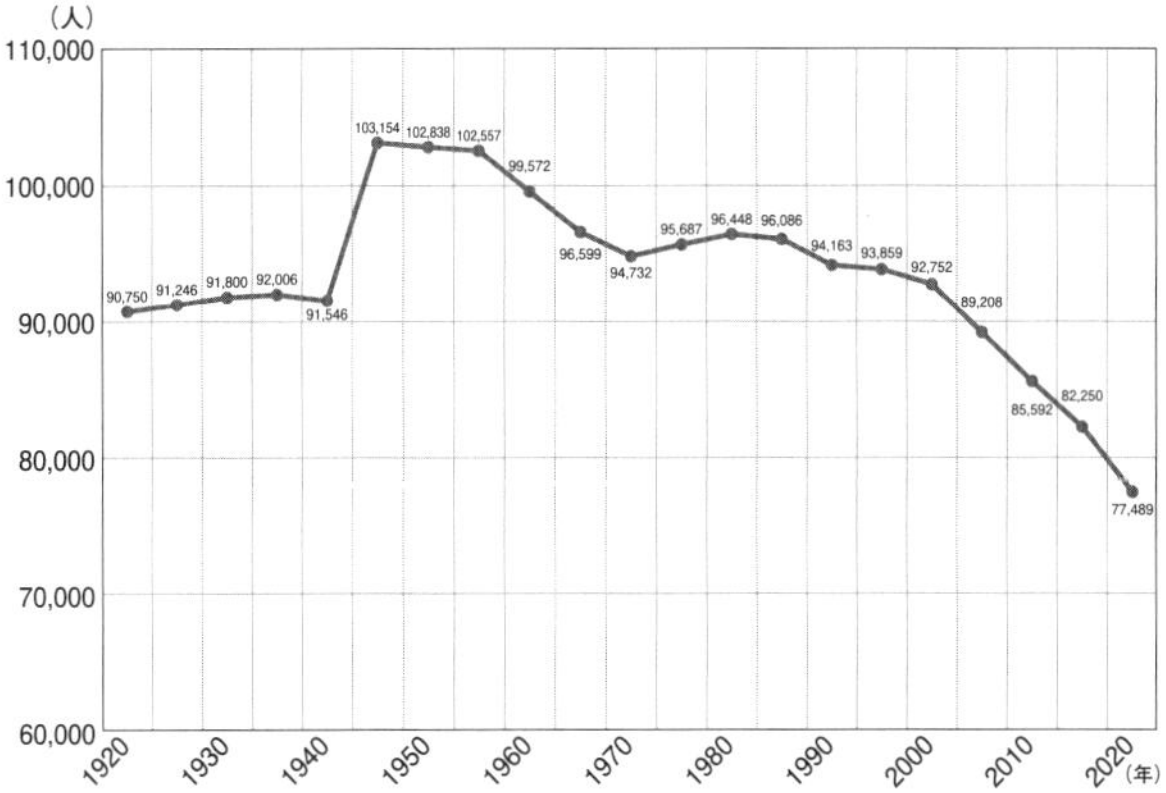

出典／1920〜2020年国勢調査

そこで、せめて目標値を定めて人口減少を緩和する（量的緩和）、という現実を見据えた対策を立てることになります。豊岡は、二〇四〇年、人口六万二千人を目指す、としています。

しかし、仮にこの目標数値が達成できたとしても、二〇一五年に比べ二万人減ります。依然として、量の破壊力にはすさまじいものがあります。そこで、単に量的緩和を実現するだけでは足りず、人口が減ったとしてもなお活力を保ちうるように、まちのあり様の質的転換を図る必要があります。そもそも、まちの現在のあり様が生きる場所として若者に選ばれていないのですから、その質的転換を図らない限り量的緩和は不可能とも言えます。

図3　豊岡市の性別・年齢別純移動数※(2015→2020年)

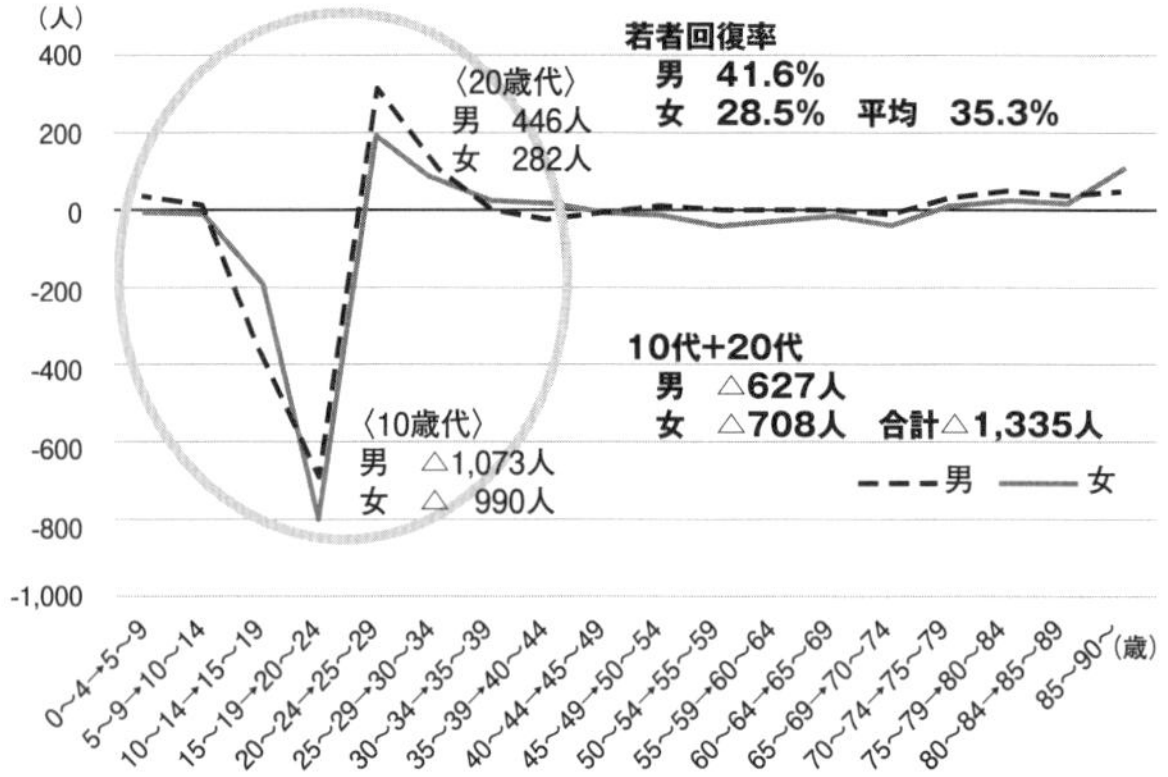

※転入数から転出数を差し引いた数
出典／2020年国勢調査結果による豊岡市の若者回復率の公表(中嶋圭介氏作成)

この一〇〇年間の豊岡市の人口推移を見ると、一九四〇年代後半をピークに、第二次ベビーブームを含む若干の例外期を除き、右肩下がりで人口は減り続けてきました。しかも二〇〇〇年以降、減少カーブはきつくなっています(図2)。この「慣性力」に抗して減少スピードを緩めるのは、並大抵のことではありません。よほど突き抜けたことをするか奇跡でも起こらない限り、不可能です。

豊岡の人口減少の要因

繰り返しますが、豊岡も含め多くの地方の人口減少の最大の要因は、若者の流出にあります。

二〇二〇年の国勢調査結果から、豊岡の二〇一五年から二〇二〇年の間の五歳刻みの年齢階層別の増減を見ると（図3）、三〇歳代以上では、豊岡を出る人と入ってくる人はほぼ同数、つまり社会減は起きていません。

大幅な減少は、一〇代で起きています。高校卒業時には、進学や就職で約八割の若者が豊岡を離れます。

二〇代は、逆に増加となっています。大学卒業時を中心に、一〇代で失った人口の三五パーセントにあたる人口を取り戻しています。しかし、差し引き六五パーセントの若者の「赤字」です。若い人の数が減り、未婚率の上昇と相まって、若い夫婦の数が減ります。夫婦一組あたりが持つ子どもの数は、ほとんど変わっていません。しかし、夫婦の絶対数が減っているので少子化が発生します。少子化は人口の自然減の要因となります。そして減った子どもたちが成長して高校を卒業するときにまた大幅にいなくなる。その繰り返しの中で豊岡の人口減少は進んでいきます。

二〇代の社会増人口を一〇代の社会減人口で割った値を、豊岡市は「若者回復率」と呼んでいます。二〇二〇年の国勢調査結果で豊岡の若者回復率を男女別に見ると、男性は四一・六パーセントであるのに対し、女性は二八・五パーセントです。男性に比べて女性の大学進学率が低かった頃ならともかく、全国ベースで今や五〇パーセントを超えて男性のそれに近づきつつある中で、女性の若者回復率の低さは、「量」としても現れてきます。

若者に選ばれていない。とりわけ若い女性に選ばれていない。それが豊岡の、そして実は多くの地方の現状です。

図3と同様のグラフはたいていの自治体の「人口ビジョン」にも記載されています。一度自分のまちのグラフを見てください。日本中から「あっ！」という声が上がるはずです。

なぜ豊岡は選ばれていないのか

一〇代における人口減少は理解できます。豊岡には大学がありませんでした。しかも若い人たちが広い世界に関心を持つのは当然です。むしろ私たちは、「広い世界を見てこい」と言って送り出す度量を持たなければなりません。

しかし、ではなぜ二〇代の人たちがこんなにも豊岡に帰ってこないのか、入ってこないのか。

理由が大きく三つあると考えています。一つは、豊岡が経済的魅力に乏しいこと、二つには文化的魅力に乏しいこと。これらは、男女に共通する壁のようなものです。

しかし、男性に比べて女性が特に帰ってこないとすると、女性にだけ上乗せ的に効いている三つ目の壁があるはずです。それは、根強いジェンダーギャップの存在です。大学などの卒業前の女性にとって、ただ女性であるというだけで社会参加やキャリア形成を阻まれ、主に家事・育児・介護の役割を期待されているような地域が魅力的に映るとは思えません。

この三つの壁に立ち向かい、若い人たちを取り戻すための地方創生の旗印が、「小さな世界都市」でした。

シニア世代の移住も、もちろん大歓迎です。しかし、豊岡の人口減少の要因は、シニア世代の社会減にはありません。夫婦一組あたりが持つ子どもの数の減少でもありません。根本要因は、若者、とりわけ若い女性人口の減少にあります。そこで、豊岡市の地方創生戦略では、若者、そしてその中でも特に若い女性を呼び戻すことにターゲットを絞ることにしました。

「小さな世界都市」実現の可能性

グローバル化の進展で、世界は急速に同じ顔になりつつあります。同じ商品、同じショップ、同じ景観が広がり、文化的画一化が進んでいます。だからこそ、違う顔をしていること、地域固有であること、ローカルであることが世界で輝くチャンスにつながります。

また、グローバル化に加え、ネットが高速化し、世界は急速に「小さく」なりつつあります。豊岡のような小さなまちでも、新聞・雑誌・テレビのような巨大メディアの力を借りなくても、ダイレクトに世界の人々とつながることが可能となりました。これは大きなチャンスです。

と同時に、絶えず世界を意識して、世界に通用するローカルを磨き上げていく必要があります。そしてそのためには、創造性に富んだ人材を集め、育て、活《い》かすことが不可欠になります。

「小さな世界都市」を創るということは、いわば世界に飛び立つということです。飛び立つためには、エンジンが必要です。「はじめに」でも記した通り、豊岡市では、次の四つの基幹エンジンを創ることに注力してきました。

1　コウノトリも住めるまちを創る。

2　受け継いできた大切なものを守り、育て、引き継ぐというまちづくりを進める。
3　深さをもった演劇のまちを創る。
4　ジェンダーギャップを解消する。

なぜこの四つなのか？
それは、最初から意図的に設計されたものではありませんでした。豊岡が、たまたま突き抜ける可能性のあるものに巡り合ったり、探り当てたりしたときに、それをチャンスと受け止めて、「小さな世界都市」実現のためのエンジンに仕立てていった、というのが正確なところです。

まずは、私自身が、そして豊岡が、世界を強く意識し、世界とつながることを目指すようになったきっかけであり、「小さな世界都市」実現のための一つ目のエンジンとしたコウノトリ野生復帰の物語から始めようと思います。

第一章　コウノトリも住めるまちを創る

――「小さな世界都市」のためのエンジン①

絶滅から復活へ

コウノトリは、羽を広げると二メートルもある白い大きな鳥です。主にアムール川（中国名：黒竜江）流域で繁殖し、中国、台湾、韓国、ときに日本に渡り、越冬します。日本では、留鳥として年間を通じて留《とど》まって繁殖する個体群もあり、かつては、日本の各地で見られる鳥でした。カエルやナマズやドジョウやフナ、ヘビも食べる完全肉食の鳥で、主に田んぼや水路、川の浅瀬で餌を捕っていました。

しかし、明治期の鉄砲による乱獲とその後の環境破壊によって数を減らし、一九七一年、日本の野生で最後の一羽が豊岡で息絶え、コウノトリは日本の空から消えました。止《とど》めを刺したのは、農薬でした。

絶滅の前にコウノトリを守ろうという運動が豊岡で起こり、一九五五年に官民一体の保護団体が発足します。一九六五年二月一一日には、野外を飛んでいたペアのコウノトリを捕まえて大きなケージ（鳥かご）に入れ、人工飼育が始まりました。

しかし、最初の二四年間（！）、来る年も来る年も、一羽のヒナも孵《かえ》りませんでした。絶望もありました。批判もありました。

コウノトリが増えるという確信を誰も持つことができないまま、いわば暗闇の中を黙々と進むように人工飼育が続けられていきました。

一九八五年、転機がやってきます。

兵庫県と友好・姉妹提携をしていたロシア（旧ソ連）・ハバロフスクから六羽の幼鳥が贈られてきました。ただ一人の飼育員としてケージの中のコウノトリを守り続けてきた松島興治郎《こうじろう》さんがこの幼鳥を大切に育て、やがてカップルができ、一九八九年五月一六日、待望のヒナが誕生したのです。人工飼育の開始から実に二四年三か月が経過していました。

なぜ野生復帰なのか？

二〇二二年末で、野生での絶滅から五一年、人工飼育の開始から五七年、コウノトリの保護活動が豊岡で明確な形をとってから六七年になります。長い時間と膨大なエネルギー、そしてたくさんの費用が必要でした。これからもおそらく同様だろうと思います。ではなぜ、豊岡はそれほどまでしてコウノトリを空に帰そうとするのか？　理由は、大きく三つあります。

一つ目は、人間とコウノトリとの「約束」を守ろう、ということです。コウノトリを守る最後の手段として、当時の人々は人工飼育の道を選びました。

そのとき、当時の人々は「いつか空に帰す」と誓いました。いわば人間は、コウノトリと「約束」をしたのです。私たちは、約束を守って、もう一度コウノトリを本来の場所に帰さなければなりません。

二つ目は、絶滅が危惧されている生物の保護に関して、世界的貢献をしようということです。ヨーロッパやアフリカなどで見られる、くちばしの赤いシュバシコウという種類のコウノトリは、現在約八〇万羽いると言われています。赤ちゃんを運ぶという伝説のあるコウノトリは、このシュバシコウのことです。

それに対し、くちばしの黒い極東のコウノトリは、私たちが野生復帰を唱え始めた一九九一年当時、世界中で二千〜三千羽と言われ、絶滅が危惧されていました。その絶滅寸前の種を守ろうということです。

三つ目は、コウノトリも住める環境を創ろう、ということです。

コウノトリは、完全肉食の大型の鳥です。そんな鳥でも野生で暮らすことができるとすると、そこには膨大な量の、そしてさまざまな種類の生きものが存在するはずです。そのような豊かな自然は、人間にとっても素晴らしい自然であるに違いありません。

「コウノトリも住める環境」には、もう一つ意味があります。

どんなに自然が豊かになって餌が豊富になったとしても、飛んできた鳥をやみくもに撃ち殺すようなところでは、コウノトリは暮らすことができません。コウノトリを受け入れ、共生するような文化が人間の側になければなりません。環境破壊は、それを進歩のためには是とする人間の文化によって進んできました。

つまり、野生復帰を目指す最大の理由は、「コウノトリを空に帰そう」を合言葉にして、コウノトリも住めるような環境、すなわち、豊かな自然と、自然と共生する文化をもう一度取り戻そう、ということです。

「も」の発見

この意義付けを、私は、「もの発見」と呼んでいます。「が」ではなくて、「も」。たった一文字ですが、この「も」がなければ、私たちはただのコウノトリオタクになっていたかもしれません。「も」の一文字によって、コウノトリ野生復帰の活動が膨らみ、包摂性を獲得したと言っても過言ではありません。韓国のある市長を表敬訪問した際、現地の通訳が「コウノトリも住めるまち」を「コウノトリが住めるまち」と訳したことがありました。同席していた私の古い友人で絵本作家のキム・ファンさんが、「ファンセ、ド！（コウノトリも！）」と、血相を変えたように「ド（も）」に力を込めて言い直したことを思い出します。「も」の合言葉の下に、野生復帰に向けたさまざまな取組みが進められていくことになります。

　ロシアから導入された個体から増えていったコウノトリを日本の空に帰すことに疑問を持つ人もいるでしょう。その疑問に、飼育員の松島さんはこう答えました。

「鳥に国境はありません」

　かつて日本にいたコウノトリも、元はロシア・シベリア東部から中国、台湾、朝鮮半島、日本の間を渡っていた鳥です。そのうちの一部が日本に居付いて、留鳥になりました。鳥たちは自由に飛び回っています。実際、自然放鳥後、豊岡の野外で生まれたコウノトリが韓国や台湾に飛んでいって大歓迎されたこともあります。逆に韓国で放鳥されたコウノトリが沖永良部島《おきのえらぶじま》にやってきたこともあります。コウノトリをはじめ自然の保護に関して言えば、人間こそが国境を越えて協力しなければなりません。その意味でもコウノトリの野生復帰は、最初から私たちの目を世界に向けさせる取組みであったと言えます。

コウノトリとの出会い

　私がコウノトリと出会ったのは、一九九一年五月二六日のことでした。当時私は兵庫県職員を辞し、急死した父の後継者として出馬した四月の県議会議員選挙で当選したばかりでした。

豊岡市の教育委員会で文化財を担当していた佐竹節夫さんが、私の住む村の役員会で声をかけてきました。佐竹さんは、小中高の先輩です。

「ども、ども（というのが口癖です）、一度コウノトリを見ていただけませんか？」

私は正直、コウノトリには何の関心もありませんでした。一九八九年のヒナ誕生のニュースに豊岡は沸き立っていましたが、神戸にいた私は、「それがどうした」というくらいの感想しか持っていませんでした。しかし、先輩の誘いとあれば、断るわけにはいきません。

五月二八日、市内野上《のじょう》地区にある飼育場に行きました。特別天然記念物であるコウノトリは、法的には兵庫県が管理主体ですが、当時、飼育の仕事は、県から市（教育委員会）に委託されていました。

本章の冒頭でご紹介した飼育員の松島興治郎さんには、そのとき初めて会いました。

飼育場のコウノトリは、二〇羽になっていました。

「四半世紀も、よくあきらめずに続けることができましたね」と語りかけると、「いやあ、やめる勇気がなかっただけです」と松島さんは照れたように言った後、こんなことを付け加えました。

「人間の都合で鳥かごに入れた命に対して、私たちは責任を負っています。いつか空に帰すと誓った以上、途中で止めるわけにはいかないのです」

この誓いは、いわば人間とコウノトリとの約束でした。

そのとき、松島さんをはじめコウノトリ保護に携わる人々が抱き続けた、その焦がれるような願いが伝播《でんぱ》し、私の心に火をつけたのです。

「なぜコウノトリの野生復帰をやろうと思ったのか」とよく聞かれます。私はいつもこう答えます。

「なぜって、松島さんの生き方にジーンときて、その夢を叶《かな》えたいと、強烈に思ってしまったから」

こうして「コウノトリとの約束」は、野生復帰を進める私たちの合言葉になりました。

コウノトリの野生復帰は世界的価値がある

一九九一年八月、東京の多摩動物公園に増井光子園長を訪ねました。多摩動物公園では、豊岡より一年早い一九八八年にコウノトリの繁殖に成功しています。私は、就任後初となる一〇月の県議会でコウノトリの野生復帰を促す質問をするつもりでいました。しかし、政治家としての出発がコウノトリでいいのか、若干の迷いもありました。

増井さんに尋ねました。

「コウノトリの野生復帰は、本当に価値のあることでしょうか？　そもそも、そんなことが可能でしょうか？」

「中貝さん、野生で絶滅した動物を人間が増やしていって再び野に帰す取組みは、世界でもあまり例がありません。環境破壊によってさまざまな種が滅んでいく中にあって、世界的価値があります。やれば、できます」

きっぱりとした口調で答えが返ってきました。「願えば叶う」というのが増井さんの信条だと、後で知りました。確信が生まれました。

翌月には、神戸市立王子動物園の村田浩一獣医を訪ねました。村田さんは、豊岡のコウノトリの獣医でもありました。人工飼育で増やした動物の野生への再導入に関するたくさんの論文や記事の提供を受けました。村田さんとの対話で、理論武装の材料が整い、野生復帰を訴えるストーリーが見えてきました。

兵庫県議会での質問で野生復帰を促す

一九九一年一〇月二日、私は、県議会でコウノトリの野生復帰について質問しました。三六歳の初陣です。

作戦がありました。担当の県教育委員会に真正面から「野生復帰をやるべし」とぶつけても、「慎重に研究する」と実質的に門前払いになることは目に見えていました。ただし、教育委員会との事前の協議では、「調査くらいはしてもいいかな」という気配も感じていました。

以下に当時の質問を引用します。大事は、「小さく始めよ」です。

「私たちは、しかし、コウノトリを最終的にどうするのかも考えておかなければなりません。ひなが着実に増加していくとすれば、近い将来恐らくあと数年で現在の飼育場も満杯となるでしょう。その後、どうするのか。

（中略）動物園などに貸し出すというのも一つの方向です。

が、羽を広げると二メートルにも達するこの優雅な鳥を、もう一度空へ返すことはできないでしょうか。かつて人々は、いつの日か、コウノトリを再び空に返すことを誓って、苦渋に満ちた人工飼育の道を選びました。

いきなり自然にということが無理なら、まずは、保護区域のような、生息のために周到に用意された自然、準自然の中で羽ばたかせ、そこで繁殖させることはできないものでしょうか。

(中略)もし、日本でそんなことが実現するとすれば、世界的に環境保全が叫ばれ、種の保存の必要性が叫ばれる中で、兵庫県と但馬ができるシンボリックな意味での世界的な貢献と言えるのではないでしょうか。

(中略)今からコウノトリの将来をどうすべきなのか、専門家や地元の関係者も交えて、真剣な検討を始めるべきではないかと思うのですが、県としてどのようにお考えになるか、お伺いいたします」


清水良次教育長の答弁です。

「今後、動物園の関係者や各種の自然生態学者などの専門家、それから、国、県、地元の関係者などによる委員会を設けまして、コウノトリ保護の将来展望について、コウノトリの野生化、または準野生化ということも含めて、調査研究をしていただくことを検討していきたいと考えています」

この答弁を受けて、翌一九九二年度予算に「コウノトリ将来構想調査費」が計上され、野生復帰が事実上動き始めました。「小さく始めよ」の作戦が奏功しました。調査は二年にわたって行われ、コウノトリの野生復帰を目指すという方向性が打ち出されました。

「コウノトリ議員」誕生

私自身、コウノトリの野生復帰について至る所で訴え始めていました。

県議会議員は、さまざまな会合に招待されます。お茶やお花の会、各種団体の総会、忘年会、新年会……そのほとんど、ありとあらゆる会合で一通りの挨拶を述べた後、「ところで」と話題を変えて、コウノトリ野生復帰の夢を語り続けました。

「あんな大きな白い鳥が再び豊岡の空を飛んだら、どんなに素敵でしょう。しかもそれは、世界的な貢献になります」

事あるごとにコウノトリの野生復帰について話していると、共鳴する人もいる一方、否定的な人もかなりいることが分かりました。かつてコウノトリは、田植えを終えたばかりの水田に降り立ち、苗を踏み荒らす害鳥だと考えられていたからです。私たちがコウノトリの野生復帰を唱え始めた頃、市役所の部長クラスの職員でも、「田んぼに来たら撃ち殺してやる」と息巻く人もいたくらいです。

いつしか、私は、「コウノトリ議員」と呼ばれるようになっていました。

この呼称には、揶揄《やゆ》が込められている場合もありました。「人間とコウノトリとどっちが大切か」「環境でメシが食えるか」という批判を込めて呼ぶ人もいました。

それでも、私の活動を理解し支援する国会議員もいました。谷洋一衆議院議員です。過疎の地元にトンネルを一〇〇本掘ったというのが自慢でした。道路や橋やトンネルに情熱を燃やした保守のベテラン政治家とコウノトリの野生復帰に情熱を燃やす若い政治家の組合せは、一見不思議なものであったかもしれません。しかし谷議員は、インフラ整備と同様、コウノトリもまた故郷を救う道だと評価し、「中貝君のお父さんや私は、土を掘り返すこと（土木）を一生懸命やってきたのですが、この中貝君ときたら、コウノトリのことしか言わない。まあ、あきれるというか何というか……」と聴衆を笑わせながら、事あるごとに私を持ち上げ、自身の支持者に私に対する支援を訴えたのでした。

同じ頃、私が市内各所で行う県政報告会をはしごする人が現れました。コウノトリの話を聞きたいがためにそうしていたのだそうです。また、初質問の詳細を紹介した私の後援会のビラをズボンのポケットから出して見せてくれた人もいました。いつも持ち歩いているというそのビラは、折りたたんだ箇所の文字が擦り減っていました。少しずつですが、私の周りに応援者が増え始めたのです。

「深さ」と「広がり」の発見

コウノトリの野生復帰は、豊岡のような小都市のまちづくりを構想する上で、ある重要な気づきを与えてくれることになりました。

私は、大学卒業後、兵庫県庁で働いていました。ところが、兵庫県議会議員であった父が急死し、後継者として担がれて出馬しました。いわゆる二世議員でした。

私が初当選した一九九一年頃、地方政治の合言葉は、大都市と地方との「格差是正」でした。しかし、私にはそのことに違和感がありました。

私が県職員だった頃、JR神戸駅の南側には、まだ貨物駅跡や工場跡地が広がっていました。ところが、再開発事業が始まると、瞬く間にビルが建ち、一九九二年に神戸ハーバーランドが誕生しました。県議会議員になった私は、豊岡と神戸を行き来する間に、巨大な建築物がムクムクと立ち上がっていく様子を目の当たりにしていました。

「ああ、これはかなわないな」と思ったものでした。神戸との比較ですらそうなのですから、大阪や東京と比べると、もうどうしようもない、としか言いようがありません。

「格差是正」という言葉が、地方のインフラ整備の促進に力を持ったことは確かです。しかし、資本力の差は歴然でした。大きさや高さや速さを競っていたのでは、格差が広がるばかりなのは明らかです。しかも、格差是正と言った瞬間に、自分たちが劣っていると自らに言い聞かせているようなもので、地域への誇りは、失われていくばかりでした。

そうした中で、「コウノトリ」と出会ったのです。コウノトリによって、私の豊岡・但馬への見方は、可能性に満ちたものへと一変しました。

なぜコウノトリは日本の空から消えたのか、再び豊岡の空にコウノトリを取り戻すためになすべきことは何か、それは豊岡にとって何を意味するのか、野生復帰は日本や世界にとってどのような意味があるのか。こうしたことを考えることは、自分たちの身の回りの自然、歴史、伝統、文化など、自身の足元を深く掘る作業であり、同時に広く世界とつながっていく作業でもありました。私は、「大きさ」「高さ」「速さ」への対抗軸を見出しました。それが、「深さ」と「広がり」です。

「小さな世界都市」との出会い

県議会議員四年目の一九九四年春、運命的な言葉に出合いました。それが「小さな世界都市」です。偶然手にした雑誌記事に書かれていました。

「『世界都市』というと、ニューヨークやパリ、ロンドン、東京など、超巨大都市を思い浮かべる。しかし、小さな町でも、何かの分野で圧倒的に優れたものがあれば、それは『小さな世界都市』として世界で輝くことができる」といった内容でした。

そこから豊岡・但馬の目指すべき将来像を、「小さな世界都市」、人口規模は小さいけれど、世界の人々から尊敬され、尊重される地域と定め、コウノトリ野生復帰をその実現のための推進力に位置づけるというストーリーが見えてきました。「小さな世界都市」は、以後二五年以上にわたって、地方政治家としての私のビジョン＝目的地になりました。

「低温発酵熱」と「一歩ずつ、一歩ずつ」

一九九六年、正月の「産経新聞」で、「小さな世界都市」と並んで、その後の私の活動指針となる言葉と出合いました。心理学者の河合隼雄《はやお》さんと作家の司馬遼太郎さんの対談記事です。その中で河合隼雄さんは、「社会を変えるのは、イデオロギー熱ではなく、低温発酵熱だ」という主旨のことを述べていました。

何かが発酵するときの熱は、常温より少し高い程度で、穏やかで、時間はかかるけれど、確実に反応が進んでいって、決して後戻りすることがない。社会を変えるのは、そういった低温発酵熱なのだ、と。

私たちはつい、「今すぐ！　ただちに！　すべての！」と叫びたくなります。そしてその裏返しとして、問題の大きさと歩みの遅さに絶望しがちです。

しかし、実践上大切なことは、さまざまな矛盾を胸の内に抱えながら、関係者と対話を重ねて、一歩ずつ、一歩ずつ、問題が自分事になる人を増やすことです。人は変わりうるし、消化や発酵に時間がかかるのと同様、人が変わるのには時間がかかります。その時間の経過に耐える力が、環境問題にしても、まちづくりにしても、不可欠なのだと思います。

それ以来、「低温発酵熱」と「一歩ずつ、一歩ずつ」は、私自身のモットーになりました。


話は少し先に飛びますが、二〇〇五年に一市五町が合併して新・豊岡市になったとき、旧日高町《ひだかちょう》で行われていた「植村直己《なおみ》冒険賞」の事業を新市で引き継ぐことになりました。日高町は世界的冒険家・植村直己さんの故郷であることから、その精神を継承しようと一九九六年に町が設けた賞で、毎年、優れた冒険を成し遂げた日本人冒険家に授与しています。合併によって、私もその賞に関わることになりました。

冒険賞を受賞する方にいつも尋ねていたことがあります。

「冒険をする上で、一番大切なことは何ですか」

答えはほとんど同じでした。

「一歩ずつ、一歩ずつ」

目指す目的地は、はるか彼方《かなた》にある。歩いても歩いても、登っても登っても、目的地は近づいてこない。むしろ遠ざかっていくような気すらする。そんなとき決してやってはいけないこと。それは、わめきながら走り出すことだ。どんなに目的地がはるか彼方にあろうとも、やるべきことは、目の前の一歩、目の前の一歩を、確実に着実に進めることだ。

この言葉には、また別の意味も込められていると思います。冒険賞を差し上げることを決め、本人に伝えたところ、「自分は植村さんの名前が付いた賞をいただくようなことはまだ何もしていない」と植村さんへの尊敬の念から辞退した方がありました。残念なことに、その後、その方は日本の冬山で滑落し、命を落としました。一歩ずつ、一歩ずつ。慎重に歩みを進めたことでしょう。それでもそのたった一歩で命が失われた。その恐ろしさ。

さらにもう一つ重要な意味が込められています。それは、未来のための「今」、あるいは目的達成のための手段としての「今」ではなく、今まさにこのとき、この瞬間。二度と帰ってこないこの瞬間を、惜しむように、いとおしむように歩いていくのだという意味が。

これは私たちの人生にも通じる言葉だと思います。

理に訴え、情に訴える

ここで、劇団わらび座との出会いについても書いておきたいと思います。

一九九一年一一月、豊岡市の城崎で開かれた「環日本海シンポジウム」の帰り、公演の営業に来ていたわらび座関西事務所の菊池冴さんと出会い、コウノトリのことを延々と話しました。

それがきっかけとなって、わらび座がコウノトリをテーマに作品を創ることになりました。以来、何度もわらび座の人たちが豊岡にやってきて、私の家に泊まり込み、飼育員の松島興治郎さんをはじめ関係者の取材をし、コウノトリのケージの前に座り込んで作曲をしながら、作品を創り上げていきました。

そして一九九三年、飼育員を主人公にした、待望のヒナが誕生するまでの歌と語りの音楽物語「コウノトリ大空へ」が完成しました。

一九九三年七月には、神戸の県民会館九階ホールで貝原俊民《かいはらとしたみ》兵庫県知事をはじめ三〇〇名を超す会場いっぱいの観客が見守る中、県庁公演が行われました。

幕が降りた後、出口に立つ出演者に貝原知事が近づき、感動冷めやらぬ口調で激励していました。実行委員長の安井博和兵庫県理事などは、楽器の後片付けを手伝うほどの熱の入れようでした。

この公演は、実は知事秘書とこっそり相談して、貝原知事が鑑賞可能な日時に設定したものでした。理に訴えるだけでなく、情に訴える作戦は、大成功でした。

心に響く、ということがなければ、事業は進むものではないとつくづく思います。「理」と「情」のどちらも必要なのです。

「コウノトリ大空へ」は、最終的に全国で約三〇万人の観客を動員して一九九七年に幕を閉じました。この作品は、まだほとんどの人がコウノトリ野生復帰の可能性も価値も信じていなかった立上げの時期に、活動の大きな推進力となりました。長い努力の末に命が誕生した物語は、人々に深い感動を呼び起こし、見た人たちの心の中に染み込んでいきました。

理に訴え、情に訴え、絶えず人々の意識に働きかけるというやり方は、最初から明確に意識していました。市内を歩けば、至る所にコウノトリの姿を見つけることができます。街角や道路沿いのモニュメント、店舗のシャッター、公共施設の壁、公用車、ごみ収集車、バス、飛行機、歩道、マンホールのふた、切手、絵本……。プロの劇団によるコウノトリのミュージカルもできました。それらの様子は、イスラエルのエコロジスト、ラン・レヴィ・ヤマモリさんらが「Stork Madness」と題した映像作品にまとめ、今もユーチューブで見ることができます。

環境と経済の相克

このように次第に賛同者は増えてきたものの、「人間とコウノトリとどっちが大切か」「環境でメシを食えるか」という疑問と批判は常につきまとっていました。

忘れられない思い出があります。

一九九七年一月二一日、私は、八人の仲間と共に中国の長江（揚子江《ようすこう》）中流域にいました。飼育一筋の松島興治郎さんも一緒の旅でした。武漢から車で約七時間の東洞庭湖の保護区で一九羽のコウノトリが飛ぶ姿を見て興奮したその翌日のことでした。私たちは、絶滅寸前の揚子江イルカを見ようと、東洞庭湖からチャーターした船で揚子江に漕《こ》ぎ出していました。

ツアーリーダーの池内俊雄さんが、船の中で話し始めました。

「今、レイ・ガンさん（保護区の研究者）と話をしてきました。このあたりでガンがたくさん殺されているそうです。今までに、一度に二〇羽のガンが死んでいるのを見たことがあると言っていました。トウモロコシや麦に農薬をまぶして撒《ま》いておくと、それを食べたガンが死にます。レイ・ガンさんは、船いっぱいにガンを積んだ人を見たこともあるそうです」

急に船の中が重苦しい雰囲気になりました。池内さんが続けました。

「最近、農薬の値段が下がって、手に入りやすくなっています。農薬の値段が二元くらいです。ガンは、生きたものが三〇〇元、死んだものでも二〇〇元で売れます。香港、広東《カントン》で、高く売れます。このあたりの農家の平均月収は、一家あたり七〇〇〜八〇〇元。とても貧しい暮らしをしています。農民たちは、ガンを売って現金を得て、電化製品などを買っているそうです」

寒さに身を縮めながら、悪い夢を見ているような気分でした。

農家を責める気にはなれませんでした。豊かな都市の情報は入ってくる。他方で、自分たちは貧しい。豊かさへのあこがれは、当然です。環境と経済が闘えば、往々にして経済が勝ちます。どうすれば「環境か経済か」という二者択一の迷路から抜け出すことができるのか。私自身、迷路の中でそのことを考え続けていました。

その答えを私たちが出すのは、二〇〇五年三月のことになります（後述）。

野生復帰を進めるプレーヤー

一九九三年度末に策定された「コウノトリ基本構想」を受け、兵庫県は教育委員会を中心として、野生復帰を進める拠点の整備に突き進んでいきました。一九九五年に発生した阪神・淡路大震災という大変な状況の中でも、貝原知事は、事業を止めることはしませんでした。

そして一九九九年四月、豊岡市内の祥雲寺地区と河谷《こうだに》地区に広がる水田と山林、合わせて一六五ヘクタールの敷地に、野生復帰の研究と実践を行う「兵庫県立コウノトリの郷《さと》公園」が誕生しました。

園長には、多摩動物公園から上野動物園を経てよこはま動物園ズーラシアに移り初代園長を務めていた増井光子さんが非常勤で就任しました。研究部長には、文化庁文化財調査官であった池田啓《ひろし》さんが就任しました。池田さんは、兵庫県立大学の教授兼任でした。

この公園には、県立大学の研究所が併設され、公園の研究者は、同時に大学の研究者でもあるという形になりました。優れた人材を得るためには、大学からコウノトリの郷公園に異動しても研究者としてのキャリアが途切れない仕組みが必要だという配慮でした。

と同時にそれは、将来、県立大学の大学院を併設するための布石でもありました。水面下で私は、貝原知事に、「まずは大学の研究所、その後に野生復帰や生態系について学ぶ大学院、さらにその先に学部を作ってほしい」と働きかけていました。大学院は、二〇一四年度、井戸敏三兵庫県知事の決断で実現することになります。

学部はまだ実現していませんが、二〇二一年四月に県立の「芸術文化観光専門職大学」が同じく井戸知事の決断で市内に開学しました。これについては、第三章で詳述したいと思います。

二〇〇〇年六月には、豊岡市立コウノトリ文化館がオープンしました。これはコウノトリの郷公園の敷地内に設置されました。県と市の大まかな役割分担として、コウノトリ自体に関することは県が、一般への普及啓発は市が行うこととされ、普及啓発の施設として建設が進められました。

施設の名称に「文化」が入っているのは、コウノトリの絶滅も復活も、人間の文化のなせる業《わざ》だという認識が込められています。同じ観点から、コウノトリの郷公園には、社会学の研究者も配置されていました。徐々に野生復帰を進めるプレーヤーがそろってきたのです。

豊岡市長に就任

二〇〇一年、私は県議会議員を辞職し、豊岡市長選挙に出馬しました。

当時、豊岡は豊岡病院の建替えや但馬空港フェスティバルの訴訟、駅前再開発ビル「アイティ」の駐車場を運営する第三セクターの経営悪化などの問題で揺れに揺れていました。その霧を晴らす必要がある、というのが出馬の理由でした。

同時に、コウノトリの郷公園ができた今、次にやるべきことは、ケージの外に飛び出してくるコウノトリを受け入れるまちづくりでした。コウノトリも住めるまちづくりは、豊岡市民の仕事であり、市長としてその先頭に立ちたい、というのが出馬の最大の理由でした。

幸い、二〇〇一年七月、私は当選することができました。

豊岡病院問題は、移転を掲げた私の当選によって決着し、二〇〇五年、新病院が完成しました。但馬空港フェスティバルの訴訟は和解で終結させ、アイティ問題は関係者による任意の再建計画の合意で決着しました。再建計画の一環で市が購入したアイティ七階は、子育て支援の拠点と市民プラザとして整備しました。市民プラザは、音楽や演劇など、市民のさまざまな文化活動の拠点となっています。問題になった第三セクターは、その後一貫して黒字経営を続けています。

「コウノトリ共生推進課」の設置

市長に就任した翌年の二〇〇二年四月、コウノトリの担当を教育委員会から市長部局の企画部に移し、「コウノトリ共生推進課（後の『コウノトリ共生課』）」を設置しました。課長には、私とコウノトリを最初に結びつけた佐竹節夫さんを充てました。

市長部局と独立行政機関である教育委員会との間には、どうしても目に見えない壁があります。コウノトリ野生復帰を強力に進めるためには、担当を市長直属にする必要がありました。さらに、担当を財政当局など内部からのさまざまな逆風から守るためにもそうする必要があると判断したのです。

コウノトリは湿地に生息する鳥です。湿地生態系が壊れて、日本でコウノトリは絶滅しました。したがって、コウノトリが野生で再び暮らすためには、豊かな湿地生態系を取り戻さなければなりません。ポイントは、田んぼ、水路、川、そしてそのネットワークです。
コウノトリ共生推進課は、田んぼの湿地生態系の回復に手をつけていきました。

農薬を使わずに米ができるか？

既述の通り、コウノトリに最後の止めを刺したのは農薬です。コウノトリも住める環境を実現するために真っ先にやるべきことは、農薬に頼らない水田農法の確立でした。

二〇〇二年、市は、NPO法人民間稲作研究所理事長の稲葉光國さん、同農と自然の研究所代表理事の宇根豊さんを招いて、有機農業の勉強会をスタートさせました。生きものを育む農法の確立を目指す取組みです。

無農薬の米作りや有機農業は、当時はまだ変わり者がする農業のイメージが強く、農家の意識も、「農薬を使わずに米が作れるものか」という否定的な態度が支配的でした。そのような雰囲気の中で、農業政策の担当である農林水産課ではなく、コウノトリ共生推進課が音頭を取って模索を始めたのでした。

この年、飼育下のコウノトリは一〇〇羽を超え、野生復帰推進計画の策定作業が始まっていました。この計画は翌二〇〇三年三月に完成し、その中に、二〇〇五年に試験放鳥することが明記されました。

生きものを育む農法の取組みでは、二〇〇三年四月に中干《なかぼし》延期や冬期湛水《たんすい》の取組み（後述）も始まりました。九月になると、コウノトリの郷公園で、最初に放鳥する個体の選別と自然界で餌を捕る訓練も始まりました。

自然放鳥に向けた準備は、着々と進んでいきました。しかし――。

まちが沈んだ

二〇〇四年一〇月二〇日、豊岡は台風二三号によって泥の海に沈みました。

豊岡市内を流れる円山川は、河口から一〇キロメートル上流地点でもカレイやアジが釣れます。円山川下流域の河床勾配は一万分の一です。一〇キロメートル上流に行っても高低差はわずか一メートル。一〇〇メートル上流では、高低差一センチメートル。ほとんど水平状態の川で、川底には海の水が忍び込んでいます。この汽水域が、さまざまな生きものを支え、コウノトリはその象徴でした。

しかし、河床勾配が極端に小さいということは、水はけの悪さを意味します。

翌年四月の一市五町の合併に向けた準備に追われていた最中、豊岡は台風二三号に襲われました。深夜に円山川の堤防が決壊し、暗闇の中、濁流が市民を襲いました。

こんちくしょう、こんなことしやがって！

「被災状況をご覧になりませんか」

翌日の午後、国土交通省がヘリコプターを用意してくれました。

衝撃でした。円山川の左岸側も右岸側も、水没していました。

「こんちくしょう、こんなことをしやがって！」

心の中でそう叫び続けていました。そうしていないと、平静を保つふりすらできそうにありませんでした。私の後部座席に座っていた国土交通省の職員から、「市長の後ろ姿が気の毒で、見ていられなかった」と後で聞きました。

怒濤《どとう》のような救出・救援、避難所運営、復旧、復興作業が始まりました。朝起きたと思ったらすぐに夜になり、途中で記者会見を行って矢のような質問を受け、気がついたら夜明け前になっていました。体重は、あっという間に五キロ減りました。真夜中に職員の激励に市役所内を回ると、職員たちは、床にごろごろと寝ていました。

台風二三号が豊岡を襲ったのが一〇月二〇日、避難所から最後の一人が退出したのが一二月二三日、ごみの仮置き場から最後のトラックが出て行ったのが翌二〇〇五年五月三〇日のことでした。

二〇〇五年四月の合併の準備と並行して、私たちは災害復旧・復興の作業を続けていきました。三月三一日、旧豊岡市の閉市式で市の旗を降ろしたとき、不覚にも涙が出たことを思い出します。

「七人の死」は存在しない

被災したのは合併前のことでしたが、合併後の豊岡市での被害状況を記しておきます。

死者七人、重傷者二三人、住宅全壊五三〇世帯、大規模半壊一一〇四世帯、半壊二九四三世帯、床上浸水五八七世帯、災害ごみ三万六千トン。

この死者七人という数字をどう見るか。

阪神・淡路大震災では、六四三四人の方が命を奪われました。東日本大震災では、二〇二三年三月一日時点で死者一万五九〇〇人、行方不明者二五二三人と発表されています。

数は決定的に重要です。何人が亡くなったのか、何人が生き残り、何人がその地に残るのか。それがその後のまちの復興を左右します。そして不幸は少なければ少ない方がいいに決まっています。

しかし同時に、「七人の死」「六四三四人の死」「一万五九〇〇人の死」というものは存在しません。存在するのは、「七人の一人ひとりの死」「六四三四人の一人ひとりの死」「一万五九〇〇人の一人ひとりの死」です。その一人ひとりに大切な命があり、夢や希望があり、大切な家族や恋人友人など、かけがえのない人たちがいたはずです。その一人ひとりの命が失われてしまった。そのことに思いを寄せて初めて、私たちはその数の恐ろしさを実感できるのだと思います。

あの災害で、私たちはいったい何を失ったのか。七人の一人ひとりの命。そして、市民のありふれた、しかし大切な日々の暮らしを失ってしまいました。

朝起きて、家族に「おはよう」と挨拶し、顔を洗って朝ご飯を食べ、「行ってきます」と言って家を出て、学校や職場に向かう。夕方になると帰ってきて、晩ご飯を食べながら、その日あったたわいもないことを話し、「おやすみ」と言って眠る。その何の変哲もない日常が失われたとき、人々がどれくらい苦しむか。この大水害を経て、豊岡に住む私たちはそれを強く胸に刻みました。

上を向いて歩こう

台風二三号が襲った夜、近隣の京都府舞鶴市では、水没したバスの屋根の上で三七人が一夜を過ごしました。

乗客は、豊岡市役所、豊岡病院組合の元職員の人たちでした。

水はバスの屋根を越えて襲ってきます。

午前零時を過ぎて、二人の男性が濁流に飛び込み、近くの街路樹に辿り着いて、流れてきた竹の棒をバスと街路樹の間に渡します。そのつながれた竹の棒によって、バスはかろうじて流されずに済みました。

午前三時頃。皆を眠気が襲ってきます。眠れば体温がさらに下がり危険です。足を滑らせたら終わりです。眠らないように、皆で歌を歌おうということになりました。最初に歌ったのが、「上を向いて歩こう」でした。

大合唱になり、雨と涙で顔をくしゃくしゃにしながら歌ったそうです。

歌が、乗客らを励まし、命を救いました。

後にそのことを知った作詞者の永六輔さんから、当時の乗客に感謝のハガキが届きました。

「（作曲者である）中村八大も喜んでいると思います」

皆で歌える歌がなかったら、三七人は助かっていなかったかもしれません。改めて音楽の力を思い知ったできごとでした。

六〇〇本のバラの花

災害発生から一か月ほど経った頃、市役所に六〇〇本のバラが届きました。愛知県豊橋市の方々からの贈り物でした。職員はまず、避難所にそのバラを届けました。

大水害の発生の三日後に新潟県中越地震が起こり、マスコミと世間の関心は中越に向いていました。

「もう忘れられたと思っていた」

避難所の人たちは、送り主に電話をかけ、そう言って涙を流しながらお礼の言葉を伝えたそうです。

バラはたくさんあったので、職員が市役所内にも活《い》けました。

当時、私たちは殺気立って仕事をしていました。ときに怒鳴り合うこともありました。ところがある日、市役所の中を歩いていると、いつもと何か様子が違います。よく見ると、あちらこちらに赤いバラ、黄色いバラが。ふっと気持ちが和らぎました。「みんな集まって」と近くの職員に声をかけ、バラを前に写真を撮りました。「お陰様で、私たちは笑顔を取り戻すことができました」と書いて、写真とお礼状をお送りしました。

私たちが生きていく上で、さまざまなものが必要です。家がなければ雨風を防ぐことはできません。毛布や布団がなければ、冬は寒くて眠ることができません。食料や水がなければ、死んでしまいます。お金ももちろん、大切です。

しかし同時に、例えばあの「上を向いて歩こう」という歌や、このバラの花のように、人々の心に働きかけて、和らげたり、癒やしたり、勇気づけたりするものも、同じように欠かせないということを実感したのでした。

アートを止めるな

私は、一九九五年の阪神・淡路大震災で恐ろしい揺れを経験しています。当時は県議会議員でした。幸い神戸の家は壊れず、家族も豊岡の自宅にいて無事でした。

地震発生から一か月ほど経ったある日、テレビをつけると、日本フィルハーモニー交響楽団の弦楽の方々が避難所で演奏をしている様子が映っていました。

驚きました。住環境も食料もまったく不十分な中にあって、音楽を持って「心の救援」に行く人たちがいたのです。さらに驚いたのは、演奏家たちに対し、「そんなものより食べ物やお金を持ってこい！」と拒絶したりせず、手を合わせ、涙を流しながら聞いていた被災者の姿でした。

その直後、劇団わらび座から、「『虹』を被災地に投入します」という連絡が入ってきました。「虹」は、わらび座の音楽アンサンブルで、当時コウノトリの絶滅と復活をテーマにした音楽物語を京阪神間で上演する予定になっていました。

私も一緒に避難所回りを始めました。

公演の最後に「虹」のメンバーが子どもたちと一緒に太鼓をたたくと、ボランティアも踊り出し、村祭りの熱狂が出現しました。私も踊っていました。

「心臓がまた動き出した」と言って、感謝を伝えてくれた人もいました。

「また生きる勇気が湧いてきた」と言う人もいました。

豊岡の台風二三号でも同様のことが起きました。ヴァイオリンを持ってくる人、ゴスペルを歌う人、子どもたちのために人形劇や紙芝居を持ってくる人……。

困難な状況の中で、人間を支えるものは何か。大災害は、そのことを目の当たりにさせます。兵庫県が、大震災で大変な財政状況の中でも芸術文化センターの整備計画を止めなかったのは、大震災の経験によって、芸術文化政策の支持杭が確固とした岩盤に届いたからではないかと思っています。

アートは、人々の内面に働きかけ、生きる力を与え、困難から人々を救います。アートは不要不急のものではありません。アートを止めてはならないのです。

「コウノトリ育む農法」の確立

希望もまた、人々を困難から救います。豊岡の希望は、やはりコウノトリ野生復帰でした。そしてその実現のためにも、農薬に頼らない農法の確立は必須条件でした。

二〇〇五年春、農業者、ＪＡたじま、県の農業改良普及センター、市が協同して模索を続けてきた生きものを育む農法の基本的な技術体系が確立されました。「コウノトリ育む

図4　豊岡市の「コウノトリ育む農法」による水稲作付面積推移

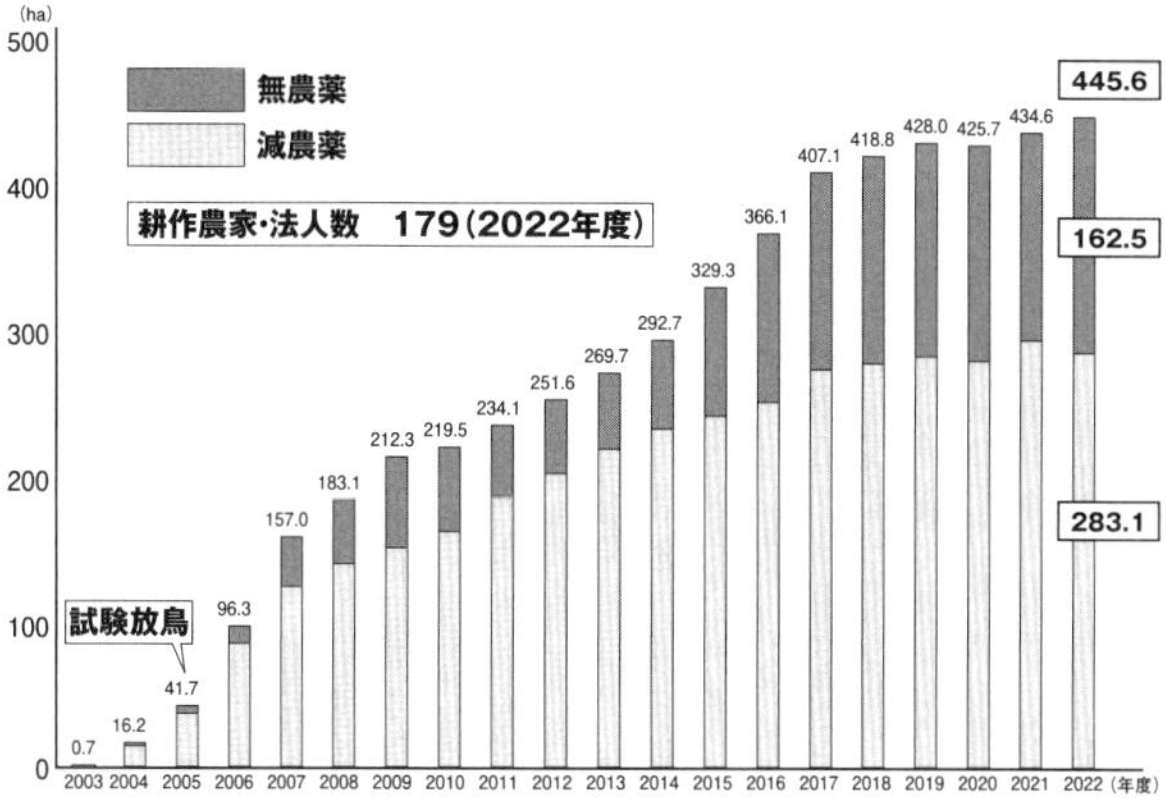

出典／豊岡市資料

農法」と名づけられたその農法の作付けが、台風被害を免れた農地で始まりました。この農法は、その年の九月に行われた自然放鳥を機に市内全域に広がっていくことになります(図4)。

二〇二二年度には、市内で作付面積四四五・六ヘクタール、耕作農家・法人数は一七九となっています。そのうち一六二・五ヘクタールが完全無農薬タイプ、二八三・一ヘクタールが通常より農薬を七五パーセント以上減らした減農薬タイプです。この農法は、但馬地方一円に広がっています。但馬全体では、作付面積五六五・九ヘクタール、耕作農家・法人数二六三となっています。

この農法は、農薬の不使用または七五パー

セント以上の削減、化学肥料の不使用、生きもの調査の実施、冬期湛水、深水《ふかみず》管理などの条件を満たしていることを認定された場合のみ、「コウノトリ育む農法」を名乗ることができる仕組みになっています。

「コウノトリ育む」という商標は、豊岡市が取得していて、但馬内の農業者に限って使用を許可する、という形をとっています。

最近では、「コウノトリ育む農法」の無農薬栽培から有機ＪＡＳ取得の動きが進み、二〇二二年産米では、その作付面積が但馬全体で四一ヘクタールとなっています。二〇一八年一月には、ＪＡたじまが世界展開を視野に、食品安全などに関する国際的な農業認証であるグローバルＧＡＰの団体認証を取得しています。

「農薬vs.無農薬」の構造から抜け出すには

「農薬を使うことは悪いことなのか？」

これは、重要な問いでした。

農業者以外では、「もちろん悪い」と答える人が大多数だろうと思います。健康にも環境にも良くないことはいわば常識です。しかし、事は単純ではありません。

日本は、モンスーンアジアにあります。暑い夏に大量の雨が降ります。梅雨がその典型です。光と水に恵まれることが光合成の条件ですから、雑草はあっという間に生えてきます。虫も湧きます。日本の農業は、草との闘い、虫との闘いと言われてきました。その闘いは、地面に這《は》いつくばって行う、腰が曲がるほどの重労働でした。

農薬は、あっという間に草を殺します（除草剤）。虫を殺します（殺虫剤）。そうして農家を重い労働から解放し、収量を安定させました。

「皆、農薬を使う農家を批判するけど、農薬を誰が作ったのか。誰が作ることを許可したのか。誰が使用を許可したのか。誰が使うことを推奨したのか。農家ではない。農薬を使って人々のために作物を作り続けた俺のおやじが浮かばれないよ」という、農家の怒りのような言葉に私自身直面したことがあります。

農家が農薬を使うことには、一定の合理性がありました。逆に、農薬を使わずに農業をやれというのは、実際に農業をやったことがない、頭だけで考える人間のたわごとだというのが、多くの農家の実感だっただろうと思います。その中で、「コウノトリ育む農法」を体系化する取組みが進んでいきました。

問題は、子どもたちが暮らす未来です。過去と現在を批判的に分析することはもちろん重要です。それがなければ未来は見えてきません。しかしその上で、主眼を過去と現在の否定に置くのではなく、対話を通じて意識を未来に向けていくという作業が、対立構造にある事態を動かしていくためには必要となります。未来についてなら、反目する者同士が同じ土俵に上がることが、ときに可能となります。

子どもたちが暮らす未来において、農業はどうあるべきなのか、という問いを提出し、対話を続けることが、事態を変える原動力になりました。

ちなみに、先述の怒りの言葉を私にぶつけた農家は、今や「コウノトリ育む農法」の「名人」と言われるようになっています。

コウノトリ育む――生きものと共生する農法

全体として農業のあり様を生きものと共生する方向に変えていこうとするとき、環境意識や健康意識がとりわけ高い農業者だけではなく、「普通の」農業者でも比較的簡単に参入でき、かつ参入しようという意欲を持てるような仕掛けが不可欠です。コウノトリも住める環境を創り上げるために、それは必須でした。

私たちは三つのことを同時にやる必要がありました。農薬に頼らなくても比較的容易に、かつ安定的に米を作ることができる技術体系＝農法を開発すること、その農法を農家に普及すること、その米を農家の努力に見合う価格で消費者に売ること、この三つです。これらは、互いに密接に絡んでいます。


農法の話から始めます。

「コウノトリ育む農法」という名前は、コウノトリ「を」育むのか、コウノトリ「が」育むのか、判然としません。意識的に助詞が省かれています。両方だからです。

コウノトリを育む——生きものを増やす農法

まず、「コウノトリを育む」です。この農法は、さまざまな生きものを育むことを目的としています。コウノトリはそのシンボルです。「コウノトリ育む農法」では、生きものを増やすためのさまざまな工夫をしています。

一例です。育む農法では、化学肥料を使わず、有機肥料を使います。それに加え、農薬を使わず、あるいは使用量を減らすと、田んぼの中にいろいろな生きものが帰ってきます。カエル、メダカ、ドジョウ、ナマズ、フナ、ヘビ等々。

豊岡では、六月頃に、中干しという、田んぼから水を抜く作業をします。大量のオタマジャクシが干からびて死にます。そこで、「コウノトリ育む農法」では、半月から一か月、中干しを延期します（中干延期）。その間にオタマジャクシはカエルに変わり、水がなくなっても逃げていくことができます。

冬には、水鳥が羽を休めることができるように田んぼに水を張ります（冬期湛水）。この農法を始めた途端、水鳥のコハクチョウが豊岡の六方《ろっぽう》平野にやってくるようになりました。イトミミズも大量に発生します。山際の冬期湛水田は、アカガエルの産卵場所にもなります。

また、この農法では水田魚道の設置が推奨されています。多くの場合、田んぼと水路の間には、水はけを良くするために大きな段差がついていて、魚などの生きものが川、水路、田んぼを行き来することができなくなっています。そこで、田んぼと水路の間に水田魚道を設置し、行き来ができるようにしています。水田魚道は、市内一四一か所にあります。

コウノトリが育む――殺虫剤・除草剤に頼らない農法

次に、「コウノトリが育む」です。ここでも、コウノトリはシンボルです。この農法で育まれたさまざまな生きものが農薬の代わりをしてくれて米が育まれることを意味しています。

害虫のカメムシが発生しても、カエルが食べてくれます。ツバメやトンボがやってきて、虫を食べてくれます。クモが田んぼ一面に巣を張って虫を捕まえ、食べてくれます。殺虫剤という農薬が不要になります。農薬の代わりに自然界の食物連鎖を利用するやり方です。しかし、農薬を使う慣行農法になじんだ農家は、虫の姿を見つけるとすぐに殺虫剤を撒きたくなります。それを「ぐっとこらえるのがコツだ」とある農家から聞いたことがあります。

一番の問題は、除草です。特にコナギとヒエという雑草が稲の天敵で、除草剤を使わずに、どうコナギとヒエを抑えるかが重要なポイントになります。

コナギは、「トロトロ層」で発芽を抑えます。

農薬を使わず、冬、田んぼに水を張っておくと、田んぼの中に大量のイトミミズが発生します。イトミミズは、土の中に頭を入れて土の中の有機物を分解し、糞《ふん》を出します。この糞が、トロトロ層という非常に細かい粒子からなる、文字通りトロトロの層を土の上に形成します。そこにコナギの種が落ちます。

頃合いを見計らって、その層をかき混ぜてやると、トロトロ層の細かい粒子やコナギの種が水の中に浮き、やがて種が着地し、その上にトロトロ層が積もります。トロトロ層がコナギの種の上に三センチメートル以上積もると、光が届かなくなって種は発芽しなくなります。冬期湛水は、水鳥に羽を休める場所を提供するだけでなく、イトミミズの生育にも一役買っており、このイトミミズが除草剤の代わりをしてくれるのです。

一方、ヒエは、深水管理で対応します。

田んぼには、通常、田植え直後に水深五センチメートル程度に水を張り、その後は二〜三センチメートルを維持します。しかし、ヒエは、茎が成長して葉が空気中（水面上）に出ると急激に生育が旺盛になります。それを防ぐためには、ヒエの成長に合わせて水深を上げていく必要があります。

「コウノトリ育む農法」では、稲の生育に合わせて水深を五センチメートルから徐々に上げていって、八センチメートル以上に保つことにしています。水を深く張ると、ヒエは、自らの浮力で抜けて、やがて消滅してしまいます。

自然の理に適《かな》う農法と売る努力

「コウノトリ育む農法」の理論的支柱は、そのほとんどが市の有機農業アドバイザーであった稲葉光國さんの指導によるものでした。トロトロ層によるコナギの抑草効果の論理やヒエが深水管理によって「自らにかかる浮力で勝手に抜けてしまう」という「理屈」は、どれも理に適っていて、明快でした。私自身、稲葉さんの話を聞いて、目が見開かれるような思いで納得し、興奮したものでした。

もちろん、理論がただちに描いた通りの結果に結びつくかどうかは、別の話です。理論に基づく豊岡での実践は、最初は草がぼうぼうと生え、収穫も惨憺《さんたん》たるものでした。理論と技術が適用される水田の自然条件は、土地によって異なります。豊岡の風土に適合するように「カスタマイズ」したのは、豊岡の農家でした。

農薬に頼らない米作りを広げるためには、比較的簡易な農法の確立以外に、その米が良い値で販売されることと農家への普及体制も不可欠です。

販売では、作付面積を確保して一定量以上の米を確保することは戦略上重要です。デパートやスーパーなどの大型店と取引するためには、一定以上の量がなければ交渉の土俵に上がることができないからです。

販売と普及で特に大きな役割を果たしているのがＪＡたじまです。また、農家への普及面で、県の農業改良普及センターも大きな役割を果たしてきました。

農薬を売るのが仕事の一つでもあるＪＡが無農薬・減農薬栽培米の普及・販売に力を入れるというのは、当時としては異例の組合せと言えました。ＪＡと有機農家は仲が悪い、というのが半ば定説でもあったからです。

しかし、ＪＡたじまは、コープこうべの要請を受けて、「つちかおり米」という減農薬の特別栽培米の契約栽培を積極的に進めてきた経緯がありました。その経験を踏まえて、ＪＡたじまは「コウノトリ育む農法」の農家を「コウノトリ育むお米生産部会」として組織化し、事務局を引き受けました。この生産部会や農業改良普及センター、そして市の活動によって、育む農法は着実に作付面積を伸ばしていくことになります。

市やＪＡには、テレビでＣＭを大量に流して消費者に直接購入を働きかけるほどの財政力はありません。そこで、卸や小売りの方々にコウノトリの絶滅と復活の物語を理解してもらい、その方々自身の情熱で消費者に働きかけてもらう、というスタイルを基本に進めることにしました。

こうした戦略が功を奏し、今では大手スーパーをはじめ実に多くの販売店で取り扱われ、認知度も上がってきました。

環境と経済の関係に答えを

「コウノトリと人間、どっちが大切か？」

「環境でメシが食えるか」

その疑問と批判にどう答えるか。私たちは、コウノトリ野生復帰事業の最初からつきまとってきた問題の答えを探し続けていました。とりわけ、前述したように一九九七年に揚子江でショッキングな話を聞いて以来、その問題を重い荷物のように背負い続けていました。

一九九九年、大きなヒントになるできごとがありました。太陽電池を製造するカネカソーラーテックの市内への立地です。環境と経済の両立を目指す工業分野での企業でした。

農業分野では、既述の通り、二〇〇二年から生きものを育む農法の模索が始まりました。

二〇〇四年度、市は、コウノトリの野生復帰の進行を睨《にら》みながら、満を持して「環境経済戦略」の策定に乗り出しました。「満を持して」というのは、当時はまだ環境という「聖域」で儲《もう》けると堂々と言うことには、何かしらはばかられるような雰囲気が世の中にあったからです。私たちは、環境と経済が共鳴する関係を「環境経済」と名づけ、それを実現するための戦略を検討することにしました。環境と経済の両者が響き合ってらせん状に互いに高め合っていくイメージを、「共鳴」という言葉に込めました。

二〇〇五年三月、オリジナルの戦略が完成しました。

この戦略は、環境を良くする取組みと経済活動が互いに刺激し合いながら高まっていくような、「環境と経済が共鳴するまち」を創ることを目標に据え、実現に向けた道筋として、次の五つを挙げています。

1　豊岡型環境創造型農業の推進

2　コウノトリツーリズムの展開

3　環境経済型企業の集積促進

4　自然エネルギーの利用促進
5　地産地消の促進

環境経済戦略を進める理由を、持続可能性、自立、誇りの三点に集約しました。

一つ目の持続可能性というのは、環境行動自体の持続可能性です。

環境を良くする行動＝環境行動の必要性は、頭では理解できます。しかし、往々にして長続きしません。皆、日々の暮らしがあり、稼ぎがないと生きていけないからです。

しかし、環境を良くする行動は、長く続けていかないと、そして仲間を増やしていかないと、結果を得ることはできません。そのためには、経済を敵に回すのでなく、味方につけた方が得だ、ということを意味しています。

環境を良くすることで経済が活性化する、俗な言葉で言うと、儲かる。それならもともと環境意識が高くない人であったとしても、もっと儲けようと欲が湧いて環境を良くする行動がさらに広がる、そういう関係を築き上げることを狙っています。しかも、ひとたび環境や自然のことを学ぶと、人は環境や自然の味方になるものです。

二つ目は、自立です。豊岡も、自分たちの食《く》い扶持《ぶち》は自分たちで稼ぐ必要があります。

そのためには、経済を活性化する必要があります。では、豊岡のような小さな地方都市で、どのような分野なら経済活性化の可能性が残されているのか。その有力な分野が環境だ、という意味です。

最後は、誇りです。もし私たちのまちが、環境破壊によってではなく、環境を良くする、まさにそのことによって経済を成り立たすことができれば、私たちは私たち自身のことを大きな誇りに思うことができるだろうと思います。誇りは、まちづくりのエネルギーになります。

環境経済戦略を受けて、市は、環境経済事業の認定制度を設けました。環境経済事業というのは、利益を追求する事業であり、かつ環境改善に資する事業のことを言います。

二〇一九年度では、七六事業を認定していて、そのうち数字を把握できている四九事業の売上総額は約七一億円に達しています（環境創造型農業には別途の認定事業がありますので、環境経済事業としての認定は、それ以外のものに絞っています）。市では、経済政策の中で、認定事業に関する補助率を上げるなどの支援を行っています。

環境経済は、豊岡の経済を確実に支えるようになっています。

図5　「コウノトリ育むお米」の経営試算（2021年度実績）〔10アールあたり〕

種　別	実質所得	一般コシヒカリとの比較
一般コシヒカリ	39,617円	1.0
コウノトリ育むお米（減農薬）	78,053円	1.97倍
コウノトリ育むお米（無農薬）	96,182円	2.43倍
みのる式（農機具メーカー・みのる産業と市が協同開発した無農薬栽培の改良版）	134,448円	3.39倍

※減価償却費、栽培助成金を除く。　出典／豊岡市農林水産課試算

「コウノトリ育む農法」も、農家にとって経済的にも有利な農法としての地位を確立しています（図５）。農家が環境にいい農業をすると儲かるという仕組みができ上がりました。

円山川水系自然再生計画

コウノトリの野生復帰を実現するためには、豊かな湿地生態系を取り戻すことが不可欠です。ポイントは、既述の通り田んぼ、水路、川、そしてそのネットワークです。そのうち田んぼや水路については、「コウノトリ育む農法」を中心に取組みが進んでいきました。

そこで、もう一つの重要な要素である川についてです。二〇〇二年、自然再生推進法が

制定され、国土交通省と兵庫県は、「円山川水系自然再生計画」の検討を始めました。

その二年後の二〇〇四年一〇月二〇日、豊岡は台風二三号によって大水害に見舞われます。

大水害直後は、行政も市民も気持ちが一気に治水一辺倒の方向に動いていました。そうした中、二〇〇四年一二月、私は、国土交通省河川局の専門官の訪問を受けました。話を聞いて仰天しました。「台風二三号災害対策に国土交通省は約八〇〇億円投入することを検討している」と言うのです。配慮に感謝しながらも、私はこんなことを伝えました。「治水はもちろん積極的に進めてほしい。しかし同時に、コウノトリも舞う美しい円山川の風景を守ってほしい」

専門官は、「こんなときにコウノトリか」と驚くと同時に、「確かに大水害の直後で、自分たちは治水しか頭になかったことに気づいた」と、後に打ち明けてくれました。

その後、緊急治水対策と並行して、二〇〇五年一一月、河川環境の再生を目指す「円山川水系自然再生計画」が策定され、湿地再生事業が進められていくことになります。その計画に基づいて、河川敷を浅く掘って湿地にするなどの事業が着実に進められ、これまでに七〇・八ヘクタールの湿地が創り出されています。

「コウノトリ育む農法」を中心とする水田の自然再生と円山川水系の自然再生によって、豊岡の湿地生態系は豊かさを増し、コウノトリの野生復帰を支える生態的基盤となっていったのです。

コウノトリ自然放鳥

こうしてコウノトリも住める環境の基盤づくりは着々と進んでいきました。そして二〇〇五年九月二四日、ついにコウノトリの自然放鳥の日がやってきました。

会場となるコウノトリの郷公園への進入路と公園前の農道に、続々と人々が集まってきました。あまりに控えめなコウノトリの郷公園の担当者は、集まった人々の数を三五〇〇人と発表しましたが、おそらく七、八千人は集まっていたはずです。コウノトリの郷公園に向かう道路は大渋滞でした。

コウノトリの郷公園の鎌谷川に面した園路に五つの箱が置かれました。中にそれぞれ一羽のコウノトリが入っています。

増井光子園長の「それではどうぞ！」という声がスピーカーから流れ、それを合図に、秋篠宮《あきしののみや》同妃両殿下によって箱の扉を閉めていたテープがカットされました。中から一羽のコウノトリが勢いよく飛び出し、農道や道路を埋め尽くしていた観客の上空を大きく舞いました。飛び出した瞬間、見ていた数千人の人たちから「おぉ！」という地鳴りのようなどよめきが上がりました。同時に、「やったあ！」という大きな声がしました。それは、私の声でした。無理もありません。コウノトリの保護活動が始まってから実に五〇年。この瞬間を目指した長い道のりがあったからです。残りの四羽も順調に飛び立ちました。

あちらこちらに涙を流している人もありました。

「市長がまるで子どものようにガッツポーズをして大声を上げたのが、とても印象的でした」と、後で知り合いの農家から冷やかされたものでした。

その夜、もちろん祝杯を挙げたのですが、喜びに満ちた酒と言うより、何かヘナヘナと力が抜けたようで、思うほど飲めませんでした。

自然放鳥から二年経った二〇〇七年五月二〇日、市内新田《にった》地区の六方田んぼに建てられた人工巣塔で、日本の野外で四三年ぶりに一羽のヒナが誕生しました。そのニュースに日本中が沸きました。

そして七月三一日、多くの市民、新聞・テレビなどのマスコミ関係者が見守る中、幼鳥

写真2　放鳥コウノトリのヒナの巣立ち

撮影／花谷英一

は、真っ青な空に向かって、人工巣塔からすーっと飛び立っていきました（写真2）。自然界での巣立ちは、日本では四六年ぶりのことでした。

コウノトリ、沖縄・サンエーとの縁を結ぶ

今、「コウノトリ育むお米」の最大の消費地は、沖縄です。サンエーという沖縄最大手の流通グループのショッピングセンターで扱われ、二〇二一年産米では沖縄県の方々に年間約三五七トンが届けられています。

サンエー専務を務めた中西淳さんの話です。

「贈答用として、化粧箱入りのコウノトリ米がよく売れます」

「直営のとんかつ店でもコウノトリ米を使っ

ています」

「コウノトリはめでたいので、鏡餅と相性がいい。コウノトリ米の鏡餅は毎年売り切れです」

なぜ、沖縄なのか。それにはこんな経緯がありました。

二〇一〇年一一月、私は宮崎県綾町《あやちょう》主催の有機農業推進大会に招かれ、コウノトリの話をしました。

その会場に、サンエーの上地《うえち》哲誠《てつせい》社長の姿がありました。綾町は有機農業の先進地で、綾ブランドは高い評価を受けています。サンエーは、綾町の有機のキュウリを扱っていて、その縁で、上地社長が有機農業推進大会に招かれていたのです。

講演終了後の懇親会で上地社長から声がかかりました。

「コウノトリの物語に感動しました。コウノトリの米を扱いたいのですが」

サンエーがどのような会社か知らないまま、サンプルを送ることを約束し、その場は別れました。

帰ってすぐにＪＡたじまに話をつなぎ、ＪＡたじまはサンエーのことを調べて、驚きました。沖縄最大手の流通グループだったのです。それを聞いて、私も驚きました。

その後バタバタと準備が進み、その年の一二月末には「コウノトリ育むお米」がサンエーの店頭に並びました。異例の速さでした。後で上地社長に聞くと、綾町から沖縄への帰り道に会社に電話を入れ、「豊岡からコウノトリ米のサンプルが届く。販売用の袋の印刷の準備をするように」と指示をしたということでした。

「リーマンショックの後、多くの量販店が安売り競争に走る中、果たしてそれでいいのかと思い悩んでいるときに、コウノトリ米と出会いました。これだ！と直感しました。いいものをしかるべき値段で売る。実際、コウノトリ米は着実に売り上げを伸ばしていきました」と上地社長。

「自分は直接コウノトリの話を聞いていますが、社員は間接的にしか聞いていません」という上地社長の話を聞いて、二度、サンエー社員を対象にした講演に行きました。一度は店長・副店長の方々が、もう一度は店舗の売り場の方々が対象でした。「コウノトリ育むお米」の背景にある物語を聞いて、社員の販売への熱意が大いに上がったと聞きました。

コウノトリが沖縄と豊岡を深く結びつけてくれたのです。

コウノトリ、韓国へ

二〇一三年一二月四日、市内出石の人工巣塔で生まれたコウノトリが、山口県長門《ながと》市で発見されました。そして姿が見えなくなったと思ったら、二〇一四年三月一八日、今度は韓国の慶尚南道《キョンサンナムド》金海《キメ》市のファポチョン湿地で発見されました。このコウノトリは、近くのポンハ村の有機農業の水田に長く滞在しました。

現地の人々は喜び、自然保護に熱心なトヨン和尚が「ポンハ村のお嬢さん」という意味のポンスニという名前を付けました。ファポチョン湿地には人工巣塔が建てられ、湿地内の散策路は「ポンスニの道」と名づけられました。さらに、日韓をコウノトリがつなぐというテレビ番組が作られ、豊岡への関心が一気に高まりました。

ポンハ村は、ノ・ムヒョン元大統領の故郷です。彼は大統領を辞めた後、故郷に帰り、ごみだらけだったファポチョン湿地の再生活動と有機農業の先頭に立ちました。その湿地と水田が、ポンスニを惹きつけ、支えたのです。

二〇〇八年夏、ノ・ムヒョンさんの意向が内々に伝わってきたことがありました。

「豊岡に行きたい」

しかし残念ながら、彼の死によって豊岡訪問は実現しませんでした。

二〇一五年五月下旬、私は韓国慶尚南道ラムサール環境財団の招きで「国際生物多様性の日シンポジウム」に出席していました。

その滞在中、ノ・ムヒョン元大統領の当時の秘書官二人に会いました。

秘書官の話です。

「環境にやさしい農業をやりながら農家がうるおい、村が活性化しているお手本を探せと大統領に言われ、見つけたのが豊岡でした。お前たちが先遣隊として行けとも言われました」

「ポンスニは、大統領が呼び寄せたのだと思います」

ノ・ムヒョン元大統領のお墓を訪れ、敬意を込めて花を捧《ささ》げてきました。

ポンスニは、その後約一年一か月、韓国内を転々とした後、二〇一五年四月二三日、また豊岡に帰ってきました。

ポンスニは現在、島根県雲南市にいます（二〇二三年三月末時点）。そこで、同じく韓国渡航歴のある、福井県越前市で放鳥されたオスのコウノトリとカップルになり、毎年ヒナを孵していています。

二〇一五年九月三日には、韓国でもコウノトリが復活しました。忠清南《チュンチョンナム》道《ド》礼山《イエサン》郡で八羽のコウノトリが放されたのです。そのうち二羽は、豊岡のコウノトリの郷公園から贈られた鳥の二世です。私は放鳥式に招かれていました。

韓国の野生最後の一羽が捕獲され、野外で姿を消したのが一九八三年。以来、韓国教員大学を中心に、再生へのさまざまな努力が積み重ねられてきました。

礼山郡のコウノトリ公園は、豊岡の郷公園をお手本に作られています。ゲストハウスには豊岡に関する展示が至る所にありました。放鳥の写真、「コウノトリ育む農法」の作付面積の推移、価格の推移、中干延期、水田魚道。東アジアの地図には、「豊岡、二〇〇五年世界で初めて再導入（自然放鳥）」と書かれています。韓国の人々の、豊岡への敬意を強く感じました。

「コウノトリ育むお米」、ニューヨークへ

二〇一六年九月、貿易会社が主催する日本食レストランエキスポに出展するため、コウノトリ米を持ってニューヨークに行きました。日本から一〇〇を超える企業などが参加し、

会場はレストランのオーナーやシェフたちでごった返していました。
寿司《すし》店などからの注文も入り、初回としてはまずまずの営業成績でした。

このときのニューヨーク訪問の最大の成果は、日本料理店「ブラッシュストローク」でコウノトリ米の使用が決まったことでした。「ブラッシュストローク」は、評判の高い高級和食レストランです。

日本食レストランエキスポへの出展は、二〇一五年に姫路市の酒造会社・本田商店会長の本田武義さんから「日本食エキスポに豊岡も出展しませんか。うちのブース、半分貸してもいいですから」と声がかかり、まずは先遣隊で職員を派遣したのが始まりでした。その会場で、ブラッシュストロークの山田勲料理長を紹介され、以来、その職員が山田さんと連絡を取り続けてきました。

私がフェイスブックにアップした「職員がニューヨークにコウノトリ米の売り込みに出張」という記事を読んだ切り絵作家の久保修さんからは、現地で日本語情報紙を発行するニューヨーク生活プレスの編集長を紹介され、ニューヨークにいた職員が早速訪問しました。そのとき会った同社の一ノ瀬はづきさんも、その後何度も自腹で店を訪れ、山田さんとのつながりを持ち、「コウノトリ育むお米」のことを働きかけていたのでした。

そして二〇一六年九月、一か月間の試験利用に漕ぎつけました。

私が店内の席に着くや、山田さんが開口一番、「おいしくて素晴らしい米です。背後のコウノトリの物語にも感動しました。今後もぜひ使わせてください」と告げました。

山田さんが席を立つと、職員がそっと目頭を拭《ぬぐ》うのが見えました。

この職員は、コウノトリ米の将来の輸出を見越して、東邦物産という穀物商社に二年間派遣していた職員でした。彼の陰日向《かげひなた》の努力が実った瞬間でした。

「コウノトリ育むお米」は、その後、企業やコウノトリファンの個人の方々の支援を得て、JAたじまと市が一体となって輸出努力を重ねてきました。今では、アメリカ、ドバイ、香港、オーストラリア、シンガポール、スイス、オランダと、七つの国と地域に輸出されるようになっています。ハリウッドの店では、一キログラム二〇ドルで販売されるほどになりました。

イスラエルで広まるコウノトリ物語

二〇一七年二月、「Leading for Change Symposium」のゲストスピーカーとしてイスラエルを訪問しました。テルアビブから北に車で一時間ほど行った、ジフロン・ヤアコヴという町が会場でした。

「（過激な環境保護団体のような力と力による対立ではなく）平和的プロセスで社会の変化をもたらすことができるはずだという信念と実践」が、シンポジウムのテーマでした。

一〇〇人ほどの会場が満員となり、立ち見も出るほどでした。豊岡のコウノトリ野生復帰は、世界でも稀《まれ》な成功例として受け止められました。

スピーチの後、たくさんの人が寄ってきました。

「私は教師をしています。昨日、ちょうど子どもたちに豊岡の話をしたばかりでした」

「え、何ですって？」

別の人がまた寄ってきて、「豊岡のコウノトリの話を聞くのは、これで六回目です」。

「どこでお聞きになったのですか？」

「ラン・レヴィさんがイスラエル中で話しています。ご存じなかったですか？」

ランさんというのは、私を招くよう主催団体に強く促した人です。

ランさんと初めて出会ったのは、東京で開かれた神社の宮司さんたちの研究会の席でした。そこに俳優でコウノトリファンクラブ会長の柳生《やぎゅう》博さんと共に、ランさんも招待されていました。彼はコウノトリの取組みに驚き、豊岡にやってきたのです。

前述の通り、その後ランさんは豊岡を舞台に「Stork Madness」という映像を作り、この作品はユーチューブにアップされています。

ランさんはさらに、「KOUNOTORI」という豊岡のコウノトリ野生復帰をテーマにしたドキュメンタリー映画も制作しています。

さまざまな価値が対立する中で、なぜ豊岡はコウノトリの野生復帰を成し遂げ、「コウノトリ育む農法」を広げることができたのか？　イスラエルで何度もそう尋ねられました。「対話です。私たちの耳は二つ。でも口は一つだけです。二つのことに耳を傾け、話すのは一つにしなければなりません」と答えると、それは極東の知恵の言葉のようにイスラエルの空の下に響き渡ったのでありました（後で、同じ内容のユダヤのことわざがあることを知って驚きました）。

イギリス・バードフェアに出展

二〇一八年二月、ランさんからメールが届きました。

「今、インドにいます。ネパール近くの自然保護区で、『KOUNOTORI』を上映しました。

そこに、イギリスで毎年開かれている世界最大のバードフェアのティム会長が来ていました。コウノトリと豊岡のことを話し合いました。彼はとても興奮していました」

三月、今度はティムさんからメールが届きました。

「イギリス・バードフェアに来ませんか。豊岡は、コウノトリの野生復帰を世界にアピールすべきです」

イギリスのバードフェアは、バードウォッチングツアーの旅行博のようなイベントで、ツアーを誘致したい世界中の国々、自然保護団体、旅行社、光学機器メーカー、出版社などが出展しています。

八月、ランさんや市職員らと共に、会場のラトランド・ウォーターに向かいました。スタッフは、会場を行き交う人々を呼び止め、豊岡の位置、コウノトリの絶滅と復活の物語などを語りかけました。

私は、特設テントで計四回のスピーチを行いました。鼻をグスグスさせる人、涙を流す人もいました。

司会者がこんなことを言いました。

「環境保護に関してバードフェアで語られることの多くは悪いことだ。しかし、豊岡の話は、希望に満ちている」

講演後、興奮した面持ちで市のブースに来る人や講演の追っかけも現れました。講演を聞いた翌日、コウノトリ募金に来てくれた人もいました。

最終日。前日一時間の取材をしてくれた地元メディアのアランさんがお別れを言いに来てくれました。アランさんは私の講演を聞いて驚き、ランさんの映画「KOUNOTORI」を見て泣いていました。彼はこう言ってくれました。

「今回のバードフェアで、豊岡が最高だった。ぼくは、君たちのすごいファンだよ」

野生復帰事業の主体は誰か

ここで、コウノトリ野生復帰の事業主体は誰なのか、考えてみたいと思います。

コウノトリは、コウノトリの郷公園が放鳥プログラムを作り、野に放ちました。

コウノトリの郷公園は放鳥主体であり、事業主体を構成する主要プレーヤーであることは間違いありません。が、事業主体とイコールではありません。

なぜか。

コウノトリは、食物連鎖の頂点にいる、豊かな生態系のシンボルとも言える鳥です。湿地の開発や農薬の使用などによる自然破壊とそれを是とする人間の文化によって、日本の空から消えました。

したがって、コウノトリ野生復帰は、構想当初から、コウノトリをシンボルとする豊かな環境（豊かな自然と自然と共生する豊かな文化）の再生と位置づけられてきました。コウノトリも住めるまちづくりを進めるということです。そして単なる「コウノトリの保護」という視点ではなく、「コウノトリも住めるような自分たちのまちづくり」という視点によって人々の支持を受け、推進力を得た事業でした。コウノトリ「が」ではなく、コウノトリ「も」という論理の発見が、さまざまな人々にとって、野生復帰を「自分事」にする原動力となったのです。

結局、野生復帰の事業主体は、豊岡という地域そのものだと言えます。

そこには、コウノトリの郷公園の研究者や飼育員もいれば、農家やＪＡ、子どもたち、教師等々、さまざまな人々がいます。国・県・市の行政機関、経済界等々さまざまな機関・組織・団体も存在します。さらに言えば、豊岡の外から共鳴して一緒に事業を進めるさまざまな人々、機関・組織・団体があります。その人々や機関・組織・団体からなる豊岡という地域そのものが、野生復帰の事業主体です。

多種多様なプレーヤーが、コウノトリも住める豊かなまちのイメージをビジョンとして共有しながら、その上で、緩やかに、ときにタイトに連携しながら、それぞれができることをやり続けた結果、野生復帰が実現していったのでした。

コウノトリの野生復帰を紹介する豊岡市の映像の英語バージョンでは、さまざまな関連事業を進める主語は、すべて「We」になっています。本書でも意図的に「私たち」という言葉を使っています。それはこうした思いからです。

コウノトリも住める豊かな環境を創りたいのか、創りたくないのか。その選取りは、優れて自治の問題です。豊岡は、「コウノトリと共に暮らす」ことを選択したのでした。

地域振興戦略の要

「はじめに」でも述べましたが、コウノトリ野生復帰による地域再生の話をすると、「豊岡にはコウノトリのような素敵なシンボルがあったから良かったけど、自分たちの地域には何もない」という声を聞くことがあります。

確かに、白くて大きなコウノトリは、環境保全や地域再生のシンボルとしてうってつけのように思えます。

しかし、かつてコウノトリは、植えたばかりの苗を踏み荒らす「害鳥」でした。その後コウノトリ自体が心を入れ替えて、何か良きものに変貌を遂げたというわけではありません。昔から、コウノトリはコウノトリとして何も変わってはいません。変わったのは、人間の方です。かつて「害鳥」であったコウノトリに、私たち人間が「豊かな環境のシンボル」としての価値を新たに付与したにすぎません。

自分たちの地域に変わらずあるものに新たな価値を見出すことは可能です。これは、どの自治体にとっても地域振興戦略上欠かせないものだと思います。

ここで野生復帰プロセスのおさらいをしておきます。図6に示す通り、コウノトリの保護・増殖、環境創造型農業への取組み、湿地再生などが時間の経過とともに着実に行われていった様子を見て取ることができます。それは極めて戦略的に進められていきました。その丸ごとが、コウノトリの野生復帰事業なのです。

長い時間と広い分野にまたがる野生復帰事業が、時間のふるいにかかることなくここま

図6　さまざまな分野に広がるコウノトリ野生復帰の取組み

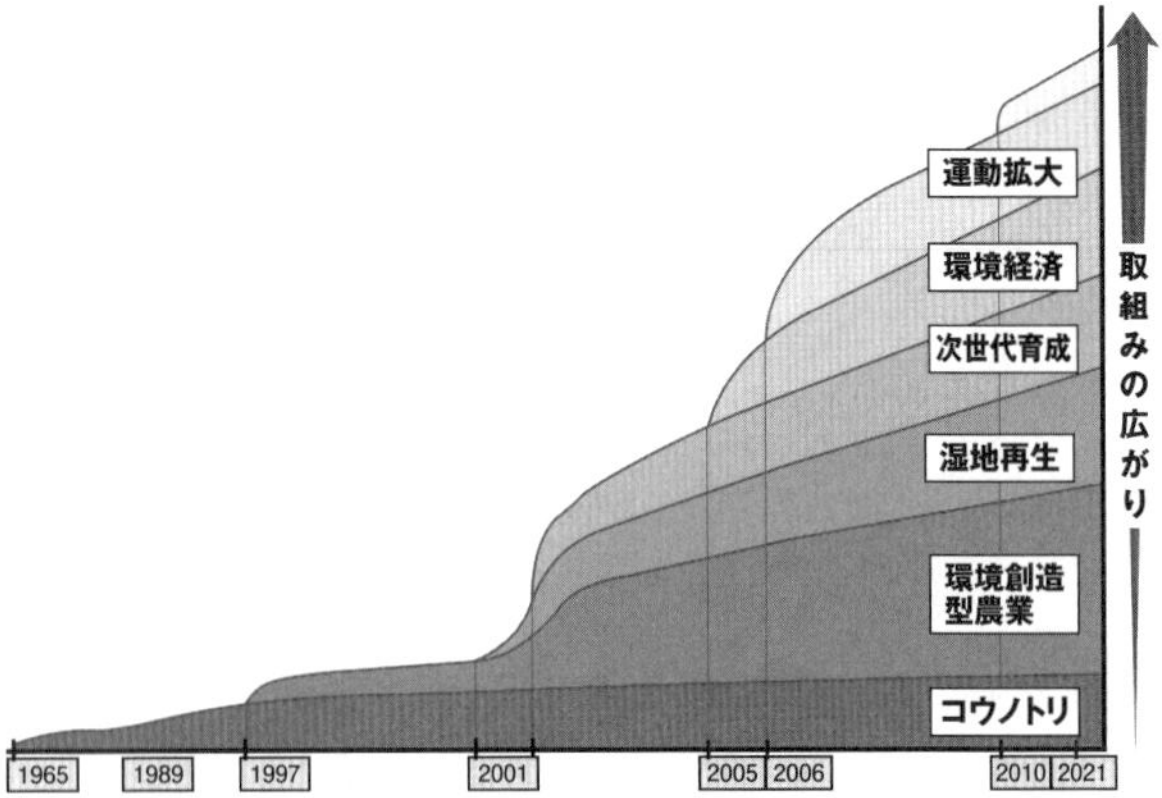

出典／豊岡市資料をもとに作成

で進むことができた理由は何でしょうか。

それはビジョン、すなわち達成すべき「理想としての未来」の共有、「感動」の人から人への伝播、積極的に人とつながる姿勢、そして手法としての「対話」なのだと思います。

市の担当者も含めて関係者は、スタート時はともかくとして、誰かに「指示されて」ではなく、誰かに「協力して」でもなく、夢を共有し、「自身の問題」として動いていきました。

川の水より魚の方が多かった?

野外のコウノトリは三〇〇羽を超えました（二〇二二年一二月末時点）。まちの至る所で、普通にコウノトリを見られるようになりました。

コウノトリ野生復帰に関する市民アンケートの結果を見ると、満足度は高い一方、今後の重要度の認識はそれほどでもありません。要するに、「よくやった。もうよかろう」といった感じです。そのような市民意識は、ある意味当然かもしれません。

しかし――。

私たちは、本当に目的を達成したのでしょうか。

コウノトリ野生復帰を訴え始めた頃、私に川遊びを教えてくれた川漁師の加藤栄さんから聞いた話です。

「小学生の頃、円山川の橋の上から川を見ていると、黒々としたサケの大群が川を上っていくのが見えた。漁協の見回りに見つからないようにしながら、サケを捕まえたものだった。水の中に隠れるときは、竹の筒で空気を吸った。捕まえた魚の尾っぽを持って背中に担ぐと、自分は背が小さかったので、サケの頭が地面に着いた」

それを聞いたとき、私たちはいったい何を失ってきたのだろうかと、喉を焦がすような思いに襲われました。

飼育員だった松島興治郎さんも、かってこんなことを言っていました。

「昔は、川の水より魚の方が多かった」

「そんな馬鹿な」と思いましたが、実際それくらいいたのだそうです。

私たちは、何を失ってきたのか。その答えが、年配者の記憶の中にあるはずです。そこで、金沢大学教授の菊地直樹さんが二〇〇二年に実施した高齢者インタビューの中から、当時の豊岡の自然に関連する部分を本人に拾い上げてもらいました。

その内容は、驚くべきものでした。


「増水したらコイが何十本も群れを成して上がってくる。ナマズが何十、何百と。水が見えないほどフナの背中が連なっていく」

「溝を堰《せ》き止めたら上に行けんでしょうが。ナマズがズズグダになっていました。ほで、スコップでこうしてトラックん中、上げるぐらい」

「稲株を起こすごとに、ドジョウがウワァー、ジュワーとおった」

「祟《たた》りがあるかと思うほど、捕りました」

当時の川と水路、田んぼの様子が、生き生きと伝わってきます。紛れもなくかつて豊岡にあった自然です。

「妹が、七〇近いけど、姉ちゃん魚捕り行きてぇなー、魚捕り行きてぇなー、今でも言います」という声もありました。

その命に満ちた世界を私たちは失い、まだ取り戻してはいないのです。コウノトリと共に暮らすまちを創る取組みは、これからさらに続けていかなければなりません。

子どもたちの物語

コウノトリの物語の最後に、子どもたちのことを書こうと思います。

二〇〇七年三月のある日、秘書係の職員が私に尋ねました。

「新田地区の子どもたちが会いたいと言ってきていますが、どうされますか」

「何？」

「学校給食に『コウノトリ育むお米』を使ってほしいそうです」

三月三〇日、子どもたちが市長室にやってきました。新田小学校の児童と卒業生が結成した「新田プロジェクトE」というグループの代表者たちでした。台風二三号による被災経験を契機に自分たちで組織を立ち上げ、自然と人間とのつながりを学ぶ活動を行っていました。

一緒にいたリーダー格の中学生が口を開きました。

「学校給食に『コウノトリ育むお米』を使っていただけませんか」

「どうして?」

「消費が増えれば生産が増えます。『コウノトリ育む農法』が広がれば広がるほど、人間にとってもコウノトリにとっても良い環境ができます」

当時、二〇〇五年九月に自然放鳥された五羽のコウノトリのうち二羽がカップルになり、新田小学校近くの水田地帯の人工巣塔で巣作りをしていました。農薬に頼らない「コウノトリ育む農法」も広がりつつありました。子どもたちは、この農法が広がれば広がるほど豊岡の環境が良くなることを学んでいました。

そして、「どうやったらこの農法をもっと広げることができるだろう?」と考えたそうです。

子どもたちは、まっとうな結論に辿り着きます。

「消費を増やせばいい!」

「では、どうやったら消費を増やすことができるだろう?」


学校のそばにコンビニがありました。

二〇〇六年一二月五日、子どもたちは、画用紙に書いた自分たちの主張を携えて、店長に会いに行きました。店の外に立った店長に対し、子どもたちは画用紙に書いた内容を順番に話していきました。コウノトリはなぜ滅んだのか? どのような努力があってここまできたのか? 何を目指しているのか?

そして最後にこう言ったのだそうです。

「店長さん、お店で売っているおにぎり、コウノトリのお米で作っていただけませんか? そうすれば消費が増えて、生産が増えて、環境が良くなります」

残念ながら、子どもたちの願いは実現しませんでした。

しかし、子どもたちはくじけたりしませんでした。

「次は何？」

「学校給食！」

こうして子どもたちが市長室にやってきたのです。

これには本当に驚きました。何という行動力！　何という論理の確かさ！

私は「コウノトリ育むお米」を学校給食に使うことを約束し、所管する市教育委員会の了解を取りつけて、使用する量を徐々に増やしていきました。

二〇一六年度からは、週五日の学校給食は、すべて減農薬タイプの「コウノトリ育むお米」です。消費量は、一年間にご飯茶碗《ぢゃわん》一二六万杯、九二トン、作付面積にして二一・五ヘクタール増えた勘定になります。子どもたちの行動が、事態を動かしました。

この米を紹介する豊岡市のパンフレットには、「食べる貢献」と書かれています。

ちなみに、使われる減農薬米は、二〇二二年度から段階的に無農薬米に置き換えられています。


世の中には理不尽に思えることがたくさんあります。正しいと思うことを言っても実現しないこともたくさんあります。一〇人いれば一〇人それぞれの「正しさ」があって、それらは互いに異なっているからです。しかし、子どもたちには、目的と情熱を持って「うまく」やれば、そして運が良ければ、事態を変えることができるという経験をできる限りしてもらいたいと願っていました。この経験は、子どもたちにとって生きる力となったはずです。

ちなみに、「コウノトリ育むお米」で作ったおにぎりをお店に、という子どもたちの夢は、後に、兵庫県内で展開する食品スーパーのトーホーストアの店舗で実現し、そのことを知った子どもたちは大喜びしました。

子どもたちの物語には、まだ続きがあります。

子どもたちは、自分たちでも無農薬の「コウノトリ育む農法」に挑戦してみることにしました。農家と交渉して学校近くの田んぼを借り、森林組合に掛け合って木材をタダでもらって、大人の力も借りて水田魚道も作りました。するとナマズが水田魚道を使って水路から水田に入り、交尾し、卵を産みました。

無農薬はさすがに難しく、子どもたちの田んぼからは米は少ししか穫《と》れなかったのですが、子どもたちは、その米を売ることにしました。

まず、村の中の朝市に出してみました。

売れませんでした。

それではと、中心市街地にある公設市場で売ることにしました。場所を有料で借りて、自分の作ったものなどを売る場所です。市場の管理者は子どもたちの取組みに感動し、無料で場所を貸してくれました。

当日、買物かごをさげた人たちが市場に行くと、テレビカメラと新聞記者がずらっと並んでいました。子どもたちは、事前に記者発表をしていたのです。買い物客の注目を浴びて、米は完売しました。

事態を自ら切《き》り拓《ひら》いていく子どもたちの、生き生きとした歓声が聞こえてくるような気がします。

その年は、子どもたちの学校近くの人工巣塔で、日本の野外で四三年ぶりにコウノトリのヒナが生まれ、四六年ぶりに巣立った年でした。記念すべき年になりました。

子どもたちは、自分たちの活動記録の表紙にこう書き記しています。

「つながりの中に自分がいる」

子どもたちはまた、こんなことも言っていました。

「子どもが変われば、大人が変わる」

子どもたちの物語は国境を越えて、前述のイスラエルのエコロジスト、ラン・レヴィ・ヤマモリさんの知るところとなり、ランさんによって「KOUNOTORI」という二九分のドキュメンタリー映画にまとめられています。映画は、インドとイギリスのバードフェアでも上映され、大好評を博しました。

この映画には、当初、英語と日本語の字幕が付いていましたが、フランス語、ドイツ語、ロシア語、スペイン語に訳され、それぞれユーチューブで公開されています。

物語には、さらに続きがあります。市長室にやってきたときのリーダーの子は、後に成人して結婚したとき、東京で行われた結婚式にコロナ禍で出席できなかった当時の恩師と私にぜひドレス姿を見てほしいと、夫と共にわざわざ豊岡まで帰ってきてくれました。待合せ場所で実際にドレスを着た彼女を見たとき、どれほど嬉《うれ》しかったか、想像していただけるでしょうか。

お米を東日本に送ろう！

二〇一一年三月一一日、東日本で恐ろしい災害が発生しました。

新田小学校の児童たちが、市内の小学校に声をかけました。

「お米を作っている学校、集まって。お米を今年は東日本に送りませんか？」

一四の小学校児童の代表が集まり、議論がなされました。

「賛成！」

「でも、東日本と言っても広い。どこに送っていいか分からない。どうやって送ったらいいかも分からない」


九月二日、子どもたちは市長室にやってきました。

私は子どもたちを称《たた》え、宮城県南三陸町《みなみさんりくちょう》に送ることを提案しました。豊岡は、発災以来、市職員を南三陸町に派遣し続けていました。子どもたちは賛成してくれました。

子どもたちの作るお米の量なら、南三陸町のすべての児童に四合ずつプレゼントできることも分かりました。

そこで私は、子どもたちにこう言いました。

「君たちがしていることは素晴らしい。でも、お米を入れる袋、タダではないよね。運送代もいる。このお金、どうしたらいいだろう。もう少し頑張ってみよう。そして、どうしてもダメだったら、そのときは市役所が面倒を見てあげるから」

子どもたちは、「はい」と頷《うなず》いたものの、怪訝《けげん》そうな顔で帰っていきました。後である保護者に聞くと、「市長はケチやった」と言っていたそうです。


子どもたちは再び集まって相談します。まず運送会社に行きました。

「運送代、いくらですか」

「南三陸まで、三万円」

JAたじまにも行きました。

「袋代、いくらですか」

「一つ三〇円。全部で一〇万円。袋に入れる手間賃はまけてあげる」

合計一三万円必要なことが分かりました。

子どもたちは運動会などで募金活動をし、空き缶を集めてお金に換えて、合計一一万七千円が集まりました。

そして収穫がなされ、一一月一五日、夕暮れどき。拍手と万歳の中、子どもたちの米は豊岡を出発していきました。そして南三陸に無事に到着し、豊岡の子どもたち一人ひとりのメッセージと共に、南三陸町のすべての児童一人ひとりに手渡されました。


考えることと行動することとの間には、深くて広い溝があります。子どもたちは、その溝を軽々と越えていってくれました。

え？　足らないお金はどうしたかですって？　大人たちは、まけてくれました。

実は、子どもたちが私のアポを取るため市役所に連絡をしてきたとき、用件を秘書が聞いていました。念のため、事前に石高雅信教育長に相談しました。

「運送代など市で持つと言わずに、一度追い返しますが、いいですね」

「ああ、どうぞ、どうぞ、そうしてください」というのが石高教育長の答えでした。

人工飼育の開始から二〇二三年の今日まで、実に五八年。今では全国で三〇〇羽を超えるコウノトリが再び自由に空を飛び回っています。この間、豊岡では、さまざまな人々がつながり、試行錯誤の挑戦を重ねた結果、田んぼの中にさまざまな生きものが帰ってきました。カエルやナマズやドジョウやフナ、ヘビ、コウノトリ……。しかし、豊岡の田んぼの風景に戻ってきたものの中で私たちが最も誇りに思うもの。それは、子どもたちでした。バトンは、世代を超えて引き継がれています。

第二章　受け継いできた大切なものを守り、育て、引き継ぐ

――「小さな世界都市」のためのエンジン②

城崎温泉の異変

「小さな世界都市－Local & Global City－」実現のための二つ目のエンジンは、「受け継いできた大切なものを守り、育て、引き継ぐまちづくり」です。

市役所の私たちがその「異変」に気づいたのは、二〇一〇年一〇月のことでした。城崎温泉を訪れる外国人宿泊客が、絶対数は小さいのですが、急増していました。二〇〇四年は六四九人でしたが、二〇〇九年は一九六五人と、三倍になっていました。最も多いのがヨーロッパからで五九一人、次がアメリカからで三〇〇人でした。

「最近、ヨーロッパやアメリカのお客様が増えてきた」という地元の声は耳に届いていました。しかし、当時は、まだインバウンドへの関心は低く、各旅館から観光協会に提出される二〇〇九年のデータが集計され、市役所に伝えられるのが翌年一〇月という、のんびりした時代でした。

なぜ海外からの観光客が急増したのか。後に分かったのですが、「ロンリープラネット」という、英語圏でのシェアが二五パーセント（当時）を誇る英語圏最大の旅行ガイドブックの日本編で、二〇〇七年版から日本のベスト温泉一二のうちの一つに城崎温泉が紹介されていたのです。しかも、日本の「Best Onsen Town」は城崎温泉で、「Best Onsen Ryokan」は城崎の西村屋本館だと書かれていました。その記事が効いているのではないかということでした。

Best Onsen Town

記事の中で私たちが特に注目したのは、「Best Onsen Town」でした。城崎温泉は、日本最高の温泉「街」だと言うのです。

日本の温泉地では、巨大なホテルや旅館が建てられ、二次会、三次会はもちろん、土産物も極力自分のところでと観光客を抱え込み、ホテル・旅館は栄えて周囲の街は寂れる、という例があります。

これに対して城崎温泉は、比較的小さな木造三階建ての旅館が連なっています。しかも町全体を一つの旅館にたとえて、JR城崎温泉駅は玄関、個々の旅館は部屋、通りは廊下、というふうに捉え、町全体でおもてなしをするというスタイルが確立されています。

七つの外湯と七〇軒を超す旅館のほとんどが、半径四〇〇メートルの円の中にあります。夕食後に浴衣で町に出て、下駄をカランコロンと鳴らしながら歩き、お土産を買ったり、遊技場で射的をしたり、スイーツを食べたりしながら散策するのが城崎温泉のスタイルになっています。その和風情緒が、日本人観光客のみならず、外国人観光客の心を捉えたのだろうと思います。

北但《ほくたん》大震災からの復興

城崎温泉は、一九二五年（大正一四年）の北但大震災で、一度ほとんど完全に灰になっています。そこから復興が始まりました。

まず川幅と道路幅を広げて防火帯の役割を持たせ、水害対策として、町の真ん中を流れる大谿《おおたに》川の両岸に玄武岩を積んで、低地に盛り土を行いました。また、町の要所要所に鉄筋コンクリートの建物を配置して、将来火が出ても必ずそこで食い止める、火伏壁（防火壁）の機能を持たせました。

そんなふうに、当時としては最先端の防災対策を施した上で、復興のコンセプトは、「元に戻す」でした。

当時、兵庫県は、鉄筋コンクリートの建築物で復興することを城崎町に提案しました。しかし城崎の人々は、猛反対します。

「城崎に洋風は合わない。城崎は和風なのだ」

兵庫県の案を撤回させて、木造三階建ての町並みが復活しました。復興計画の策定にあたって、町議会とは別に復興のあり方を議論する「町民大会」が数十回にわたって開かれ、外湯を中心に町を再建する方針などが確認されました。

外湯や橋などのデザインは、東京の歌舞伎座などの設計で知られていた岡田信一郎や都市計画の第一人者・吉田享二《きょうじ》が参画し、町の風情を大いに高めました。大谿川には以前はなかった太鼓橋が設置され、今の城崎の景観を支えています。伝統を守り、伝統を拓く。しかもその方針を数十回にも及ぶ町民大会において全会一致で決定する。このときの復興の思想と意思決定プロセスが、今日の城崎温泉繁栄の基礎を築きました。

暴力団追放

暴力団の徹底した追放も行われました。一九七〇年、城崎町の人口は六千人弱でしたが、暴力団関係者は約一二〇人、対する城崎警察署の署員は四二人という状態でした。当時の観光客は、企業や団体の慰安旅行による男性客が中心で、暴力団が風俗営業で男性客を惹きつける、という側面がありました。

事態を変えたのは、一九七〇年三月に城崎警察署に着任した中田静男署長でした。町民と協力して徹底的に取締まりを行いました。翌一九七一年一月、最後まで抵抗を続けていた組が解散届を出して、暴力団は一掃されました。

しかし、それによって町は落ち着きを取り戻す一方で、遊興目当ての男性客が激減し、旅館組合理事長が責任を取って理事長を辞職する、という騒ぎもありました。その苦境を救ったのが、カニすきの導入でした。その経緯は広尾克子《かつこ》さんの『カニという道楽―ズワイガニと日本人の物語』(西日本出版社)という本に詳しく書かれていますので、関心のある方はそちらをお読みください。

暴力団の追放によって、町を安心して散策することが可能となり、後に若い女性たちがどっと押し寄せることになります。

こんなことがありました。ある旅館で、若い外国人女性客二人が浴衣を着て町に出たまま真夜中まで帰ってこなかったそうです。旅館の主が心配をして、午前様で帰ってきた二人にやんわり注意をしたところ、「あなたは、城崎は町全体が一つの旅館だと言いました。私たちは〝旅館〟の中で楽しんでいました。真夜中でも安心でした」と。宿の主は、反論できなかったそうです。

契約入浴料制度と色浴衣の導入

一九七〇年は、城崎温泉にとってもう一つ画期的なできごとがありました。契約入浴料制度の導入です。

城崎温泉の泉源は、湯島財産区という特別地方公共団体が管理しています。そこから各旅館に配湯されるのですが、旅館が支払う温泉の使用料とは別に、宿泊客一人一泊あたり大人二八〇円、子ども一四〇円を旅館が湯島財産区に支払う、という制度です（料金は二〇二三年四月現在の金額)。その代わり、宿泊客は翌日の午後三時半まで外湯に自由に入ることができます。この仕組みによって、宿泊客は滞在中、現在七つある外湯を何度でも楽しみ、町を回遊することができます。

この回遊を後押しするもう一つの仕組みがあります。温泉を配湯する条件として、各旅館には内湯の湯船の容量を宿泊可能人数に応じた量を上限にすることが義務付けられています。内湯の必要性を理解した上で、来訪者をできる限り町の中に誘導するためのルールです。

宿泊客にとって外湯めぐりが城崎温泉の大きな魅力となり、かつ、旅館のみならず飲食店や土産物店なども繁栄する、まさに「共存共栄」を体現する仕組みができ上がりました。

城崎温泉に泊まると、「夕食後は、どうぞ外に出て外湯とそぞろ歩きをお楽しみください」と促されたりします。

そぞろ歩きをもっと楽しくしようと考えた人たちもいます。一九九四年、城崎温泉を担う若い人たちがゆかたファッションショーを開いて、各旅館への色浴衣導入を促しました。それまで旅館が提供する浴衣は寝間着でしかありませんでしたが、それを契機にして、一九九六年からファッション性の高い色浴衣の導入が始まりました。

色浴衣によって、温泉街全体の彩りが豊かになり、いっそう華やぎました。ここでも、「伝統を守り、伝統を拓く」の精神が見て取れます。

城崎温泉は、まち全体の価値を高めてまち全体で人々を惹きつけ、まち全体でもてなす、という明確な戦略が脈々と受け継がれているのです。

インバウンド対策の本格化

既述の通り、二〇一〇年一〇月に私たちは城崎温泉の「異変」に気づきはしましたが、インバウンドの将来性を嗅ぎ取り、市のインバウンド対策を先頭に立って進めたのは、真野毅《つよし》副市長でした。

インバウンドはこれからものになる。そう考えた真野副市長は、先進地の岐阜県・飛騨《ひだ》高山の取組みを調べ、城崎温泉の地元に働きかけて、英語サイトを充実し、駅前観光案内所に外国人向けのインフォメーションセンターの設置を促すなどの活動を始めたのです。

真野副市長は、民間からの公募で選ばれました。

副市長公募のニュースは、市職員の売り込みが功を奏して共同通信が配信。ある朝一斉に日本中の地方紙でニュースになりました。テレビの取材が入り、Yahoo!ニュースのトップ記事にもなりました。一三七一人の応募がありました。応募者の中には、当時首相官邸で働いている人もいました。

こうして選ばれたのが、真野副市長です。京セラ出身で、クアルコムジャパンの社長も経験していました。

意思決定を速く

インバウンドの可能性に気づいたものの、市役所にはそれを担当できる人材はいませんでした。

そんな中、二〇一二年一一月、あるパーティの席で、真野副市長が、会場に来ていた楽天トラベルの若い社員に声をかけました。

「御社は社内の公用語が英語だと聞いています。英語でインバウンドの仕事のできる若い人を送っていただくことはできないでしょうか?」

前向きな反応がありました。

一二月に入って、真野副市長が楽天の本社に赴き、営業のトップに派遣を要請したところすぐにOKが出て、さらにその一週間後、三木谷浩史社長からもGOサインが出ました。真野副市長が市長室に来て、「彼らの名刺には、スピード、スピード、スピード！と書かれています」と、その意思決定の速さに驚きを込めて報告してくれました。

意思決定の遅さは、そのことによってどれだけチャンスを失うことになるのか計り知れません。以来、私自身、とりわけ外部の企業、団体、個人との協同について、意思決定を極力速くすることに努めてきました。特に対面の場合や、協同事業の場合は、細部は別として、その場で即決することを基本にしていました。決定の基準は、相手との話し合いの中で「共鳴する」かどうかでした。

大交流課の設置

二〇一三年四月、市は「大交流」を担う部署として、従来の観光課を改称し、「大交流課」としました。観光はもちろんですが、健康づくりや教育の視察であれ何であれ、とにかく豊岡に人がやってきて交流してもらえれば豊岡は賑《にぎ》わう、という意味を込めていました。

大交流課では、情報発信とインバウンドに特に力を入れることにしました。

同じ年、楽天トラベルから、若手企業人地域交流プログラムという国の支援制度を使って、入社五年目の佐藤暢祐《ようすけ》君がやってきました。

彼は、周囲の職員と軋轢《あつれき》を生みながら、真野副市長と共に市の組織に刺激を与えていきました。


「外国人宿泊実績のデータはないのですか？（データもなしに、よくやっていますね）」

「数値目標はありますか？（目標数値もなしに、よくやっていますね）」

「この会議の目的は何ですか？（何をだらだらと議論しているのですか）」

「スピード、スピード、スピード！（意思決定が遅い！）」

大交流課には、庁内からフットワークのいい職員を配置したつもりでしたが、それでも、「いちいち生意気で、最初はカチンときた」と当時の上司は述懐しています。

図7　外国人宿泊者数の推移（城崎温泉）

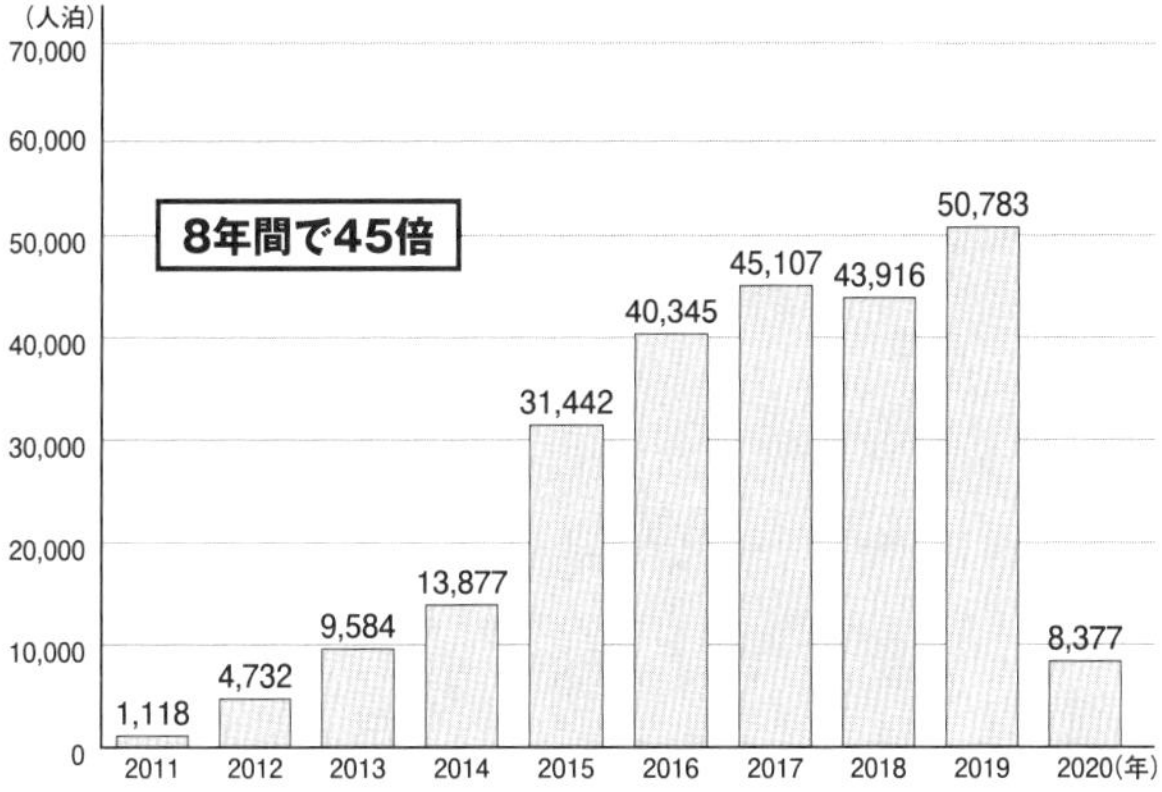

出典／豊岡市大交流課調べ

二〇一四年八月には、国の制度を活用して国際交流員（ＣＩＲ）を採用し、英国からサマンサ・バロウさんがやってきました。ミッションは、国際交流ではなく、インバウンドの促進でした。

真野副市長をヘッドに、英語、フランス語、タイ語、韓国語のできるスタッフを配置してインバウンドチームを編成し、ウェブマーケティングを柱にインバウンド政策を進めていきました。

城崎温泉の外国人宿泊者数は、二〇一三年九五八四人泊、二〇一四年一万三八七七人泊（対前年四四・八パーセント増）、二〇一五年三万一四四二人泊（同一二六・六パーセ

図8　外国人宿泊者数の推移（市全体）

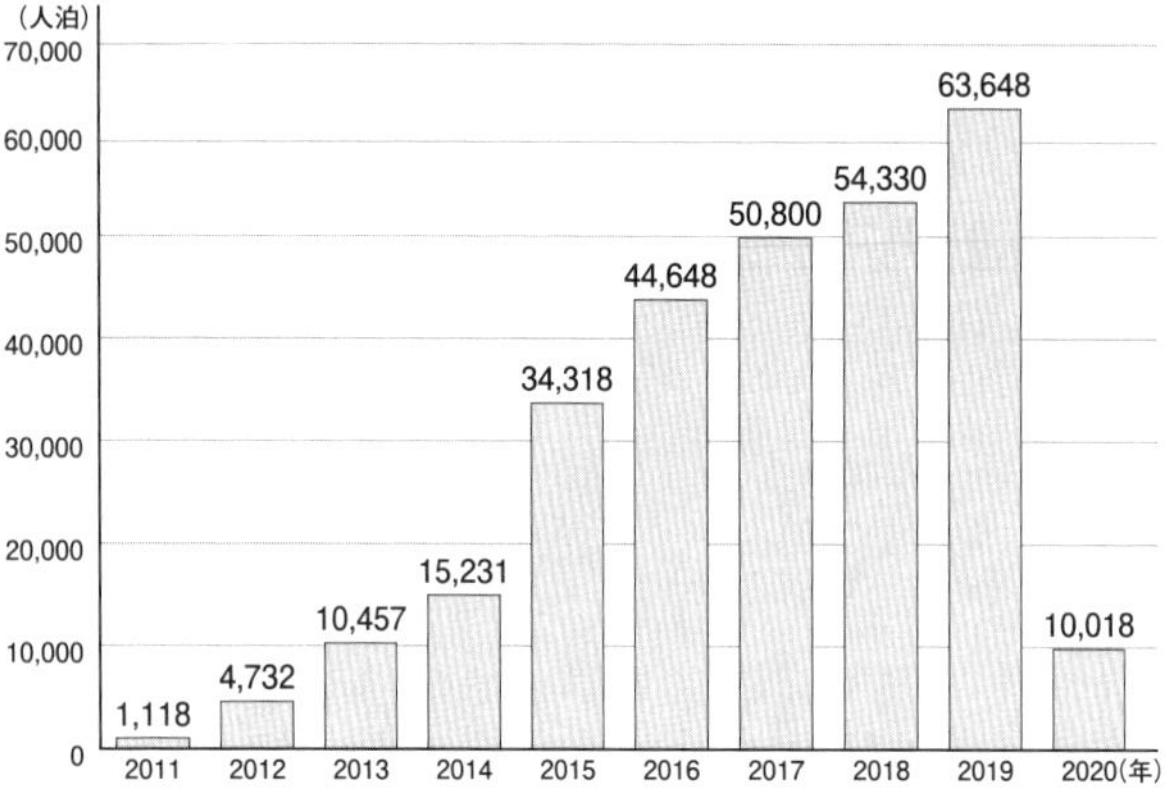

出典／豊岡市大交流課調べ

ント増）、二〇一六年四万三四五人泊（同二八・三パーセント増）と、着実に増加していきました（図7）。豊岡市全体でも、インバウンドは着実に伸びていきました（図8）。その多くは個人客で、世界各国から満遍なく訪れています。

旅館組合や各地の観光協会から報告される宿泊客数のデータも、一年ごとから三か月ごとというふうに改善が図られていきました。さらにその後、観光ＤＸの導入により、対象はまだ城崎の一部の旅館に限られていますが、一日ごとにデータが把握できるようになっています。

佐藤君は、三年間市役所できっちり仕事をし、また古巣に帰っていきました。

城崎の外国人宿泊客は、その後も着実に増加し、コロナ前の二〇一九年には五万七八三人泊に、豊岡市全体では六万三六四八人泊となっていました。城崎の数字は、絶対数としてはまだそれほど多いわけではありませんが、八年間で四五倍という驚異的な伸びとなっています。

まちづくりの土台をなすもの

「受け継いできた大切なものを守り、育て、引き継ぐ」という点では、城崎温泉の南東に位置する城下町・出石にもお手本があります。

出石は一八七六年、明治九年の大火で、町の中心部は大半が焼失しました。復興にあたって、町割りをそのまま残し、町家を再建するのに江戸時代の建築様式を用いました。その結果、大半が明治以降に建てられたにもかかわらず、江戸時代の雰囲気を持った城下町として今日に至っています。

城崎の復興といい、この出石の復興といい、受け継いできた大切なものを守るという当時の人々の意識の高さ、先見の明を思わずにはいられません。

二〇〇七年には、住民と行政の協同が実り、国の重要伝統的建造物群保存地区の指定を受けています。

この町は、単に古いものを守ろうとしているだけではありません。積極的に古い町並みを再現し、伝統的な色合いを強める努力を重ねています。

伝建保存地区内の伝統的建造物の「修理」と、それ以外の建物を保存地区内の歴史的風致と調和させる「修景」が、国・市の補助を使って、これまでに六二の建物で実施されています（二〇二一年度末時点）。修理にあたっては、痕跡調査が行われ、可能な限り復元を基本としています。

二〇一二年には、出石まちなみ設計士会によって、「出石伝統的町家外観詳細図集」が作成され、修復工事の手引きとなっています。

時間の経過によって建物は老朽化が進み、やがて朽ちていきます。人々の熱狂、愛着、関心も、多くは時間のふるいの中で失われていきます。だからこそ逆に、時間の経過に耐えたものは美しく、そのまちに風格を与えます。出石では、町の人々の途切れることのない愛着が、時間の経過に耐える原動力でした。出石城跡、時計台の辰鼓楼《しんころう》、芝居小屋の出石永楽館などのシンボルを含む町並み保存は、その典型です。

出石は、古い町並みと出石そばの魅力で、日本人観光客で賑わっています。宿泊施設が少ないこともあって、来訪する外国人観光客はまだ限られていますが、世界に十分通用する地域です。実際、出石永楽館の歌舞伎には、コロナ禍の前、ウィーンやイタリアからも観劇に訪れる人がいました。

同じくコロナ禍前のことですが、城崎温泉の西に位置する竹野浜でも、何をするというわけでもなく砂浜で半日過ごす外国人観光客が増えてきていました。竹野浜は美しい渚《なぎさ》を有することで知られていますが、海だけでなく、焼杉板の伝統的な町並みも人々を惹きつけるようになっていました。神鍋《かんなべ》高原には、雪を楽しむために台湾やタイの人たちが訪れるようになっていました。山間の但東《たんとう》エリアにも、泊まりがけでやってきて、水田風景を眺め続ける外国人観光客の姿が見られるようになりました。但馬の春の風物詩となっている一〇〇万本のチューリップが咲き誇るチューリップまつりの会場でも、少なくない数の外国人観光客が見られるようになっていたのです。

いったい何を求めて豊岡にやってくるのか?

豊岡の各地で外国人観光客を見かけることは、ごく普通のことになりました。この人たちは、何を求めてわざわざ豊岡まで訪れるのか。

アメリカを見たいわけでも、ヨーロッパや中国を見たいわけでもありません。日本を見たい、日本の伝統文化を楽しみたい。だからこそ、わざわざ時間とお金をかけて訪れるのだと思います。

世界が急速に同じ顔になりつつある現在、ローカルであること、地域固有であることは、世界で輝くチャンスにつながります。

と同時に、私たちは絶えず世界を意識し、「世界に通用するローカル」を磨き上げていかなければなりません。

地方の私たちは、大都市のように絶えず古いものを壊し、新しいものを作り続けることで人々を刺激して惹きつける戦略を取ることは、資本力から見て不可能です。受け継いできた大切なものを守り、新しい工夫を加えて育て、次に引き渡す――蓄積をする、という戦略を取るほかはありません。その戦略の有効性が、コロナ禍の前のことではありますが、インバウンドの増加という現象の中で、改めて実証されつつあります。

ある建物が壊されてなくなると、そこに何があったのか思い出せない、ということがしばしばあります。古くなったものが絶えず壊されていくまちづくりは、記憶喪失のまちを作るようなものだと、私は思います。

もちろん、すべてのものを残すことは物理的にも経済的にも不可能ですし、必ずしも意味があるわけではありません。しかしまちの記憶を背負って永らえてきたものを極力残すという姿勢が、やがて景観や風景上のアイデンティティを形成し、「違い」を生み出すのだと思います。

最近、豊岡にUターン・Iターンしてきた若い人たちが、竹野や出石の空き家、中心市街地の公設市場や元老舗《しにせ》料亭「とゞ兵《ひょう》」などの古い建物に価値を見出し、リノベーションをして再活用しまちが活性化しつつあるのは、彼らがそのことを敏感に感じ取っている証《あかし》ではないかと思います。

ここで、まちの記憶を残すということに関し、豊岡市役所の旧庁舎のことも書いておこうと思います。

豊岡市役所の新庁舎建設に際し、旧豊岡市庁舎をどうするかが議論になりました。旧庁舎は、一九二五年の北但大震災の後、一九二七年に豊岡町復興のシンボルとして建てられました。当初、鉄筋コンクリート二階建ての洋風の建物でしたが、戦後の合併によって町

写真3　豊岡稽古堂

提供／豊岡市

が大きくなるのに合わせ、三階が増築され、瓦屋根が載せられました。その風貌は、まちの自慢でもありました。

新庁舎建設にあたって、旧庁舎は、震災復興とその後の豊岡の歩みの記憶を体現するものとして、残すことにしました。補強と改修をした上で二五メートル南に曳家《ひきや》して、その後ろに七階建ての新庁舎を建設しました。連日の吹雪の中で行われた曳家は、総重量約三千トン、横綱白鵬《はくほう》約二万人を乗せて引っ張るようなものでした。

旧庁舎を残すことによって、議事堂を新庁舎に作る必要がなくなり、かつ、旧庁舎の保全に国の交付金が出たため、市の実質負担は、壊してしまう場合に比べてかえって小さくなりました。

現在、旧庁舎は、旧豊岡藩の藩校の名前をいただいて「豊岡稽古堂」と名づけられ、議事堂と会議室、市民の交流広場として利用されています（写真3）。稽古堂前の芝生広場は、「子育て広場」と名づけられ、安全確保のために周囲に柵が設置されて、幼児が自由に走り回っています。

豊岡観光イノベーション設立

二〇一六年六月、インバウンドをさらに積極的に進めるため、DMOとして、豊岡観光イノベーション（TTI）を立ち上げました。

DMOというのは、Destination Management/Marketing Organization の略で、「観光地域づくり法人」とも呼ばれています。観光地の経営とマーケティングを行う組織です。とりわけインバウンドの促進が地方創生につながるとして、DMOを中核組織として観光振興を進めることを国も勧めています。

TTIの設立目的は、「地域の魅力を再編集して、地域の稼ぐ力を引き出す」としています。

ＴＴＩ自らが稼ぐことが目的ではありません。さまざまなデータから現状を分析し、戦略を立て、資源を発掘して連携させ、地域の各事業者の儲けにつなげることを目的にしています。特に、地域全体に関する分析や戦略自体は、直接には個々の事業者の売り上げや利益を生まないため、どうしても手薄になりがちです。その部分に公的資金を入れてＴＴＩで行うことにしました。

市のほか、高速バス事業などを行うＷＩＬＬＥＲ、全但《ぜんたん》バス、但馬銀行、但馬信用金庫を社員とする一般社団法人としてスタートしました。

徹底したウェブマーケティングを行うこととし、分析の専門家を採用したほか、旅行社などから人材の派遣を受けています。市の若手職員を楽天トラベルの本社や政府観光局（ＪＮＴＯ）に派遣して腕を磨いてもらうなどの体制整備も行ってきました。

ＴＴＩでは、特にウェブでの情報発信に力を入れています。ウェブ広告の配信とＳＮＳでの発信によって、「Visit Kinosaki」という、ＴＴＩに運営を委託している市の英語版観光サイトへの訪問者を増やし、そこから実際の宿泊予約や来訪につなげようという作戦です。「Visit Kinosaki」には、宿泊予約機能も付いています。

メディアへの露出を増やす取組みにも力を入れています。ＴＴＩのスタッフは、毎月一回、世界二三か国、三七〇社の旅行代理店のほか、二〇か国、一三四社の海外メディアに豊岡の最新情報を送り続けています（二〇二二年三月末時点）。

さらに、アメリカ、フランス、オーストラリア、タイ、台湾のレップと呼ばれる情報発信企業と契約を結び、レップに豊岡の情報を送り、そこからそれぞれの国のメディアに豊岡を売り込んでもらう取組みも行っています。

海外メディアに豊岡が掲載された件数は、二〇一七年度五六件、二〇一八年度一二八件、二〇一九年度三五一件、二〇二〇年度四六五件、二〇二一年度一〇三三件と年々着実に増えています。コロナ禍でインバウンドは惨憺たる状況ですが、その収束後に必ず効いてくると期待しています。

なぜ観光で地方創生なのか

なぜ豊岡は、地方創生において、それほどまでに宿泊を中心とする観光に力を入れるのか。理由がいくつかあります。

まず、豊岡の産業で最も市外からの「外貨」（純移出額）を稼いでいるのが宿泊で、その多くは観光による宿泊だからです（図9）。いわば、稼ぎ頭です。しかも、インバウンド

図9　豊岡市の分野別移出額・純移出額（2017年）

	移出額（億円）	純移出額（億円）
宿泊業	1位　249	235　1位
小売業	2位　228	28
プラスチック・ゴム	3位　184	76
電子部品	4位　168	68
飲食料品	5位　137	▲109
輸送機械	6位　113	24
運輸、郵便	7位　103	▲10
金属製品	8位　96	51
かばん製造業	9位　96	83　2位

出典／2017年豊岡市産業連関表

は将来飛躍的に伸びる可能性を持っています。人口減少下の日本にあって、観光は有望な産業分野と言えます。

豊岡は、合併前の旧一市五町のすべてに優れた観光資源があり、連携すれば周遊観光が実現します。

豊岡の観光は、春と秋が閑散期で、繁忙期に足りない人手を派遣労働に頼ってきました。派遣労働では、仕事のコツや段取りを覚えるのにも、毎回一からです。インバウンドを推進力にして閑散期の観光客を増やすことができれば、通年雇用が発生し、従業員の経験も蓄積していきます。

残念ながら観光業は、現時点では必ずし

も若い人たちに人気がある産業とは言えません。しかし、日本や地域の文化を海外の方に伝える仕事は、やりがいのある仕事になるはずです。

さらに宿泊は、酒、肉、魚、野菜、米、調味料、果てはおしぼりの使用や土産物の購入、タクシーの利用など、波及効果が大きな分野です。最近では、有力なブランドに育った「豊岡鞄《かばん》」も観光客に人気の商品になっています。観光は、単に観光事業者のみならず、豊岡の経済全体に大きな影響を与えています。

そのような理由から、個々の企業の挑戦を応援することはもちろんですが、観光に力を入れているのです。

観光は総合コミュニケーション

私たちは、観光をまず「交流」と捉えています。

観光は、そこに訪れる人々が、その地の人々・自然・歴史・伝統・生活文化等々さまざまな構成要素からなる「まち」そのものと交わる営みです。

交流は、豊岡を訪れる人々と豊岡のまちやそこに暮らす人々、豊岡を訪れる人同士、さらには豊岡の市民同士のコミュニケーションを生み出します。

その意味で、観光は「総合コミュニケーション」です。例えば、来訪者が駅を降り立った瞬間から、まちとのコミュニケーションが始まると考えることができます。このまちは自分たちを歓迎しているのか、していないのか。経済にしか関心がないのか、それとも自然や歴史や伝統、芸術文化を大事にしているのか等々、直感的に分かります。そのときすでに、来訪者とまちとのコミュニケーションが始まっています。まちの景観やデザイン、行き交う人々の様子、旅館の風情、フロントの様子、部屋のしつらえ、料理の盛り付けや味などを楽しみながら、コミュニケーションは続いていきます。もちろん、来訪者と観光に従事する人たちや地元の人たちとの直接のコミュニケーションも重要です。

観光を「磨く」というのは、まち全体のコミュニケーション能力を高めることであると考えています。観光を総合コミュニケーションと捉えると、それが高度な技を要する、やりがいのある分野であることが分かります。その全体のデザインができる人材がいるかどうかが、今後の観光で決定的に重要になるだろうと思います。

豊岡鞄の躍進と新たな挑戦

豊岡で宿泊に次いで外貨を稼いでいるのは、鞄です（図9参照）。豊岡鞄についても触れておきましょう。人口減少対策をまとめた豊岡市地方創生総合戦略において、外貨を最も稼いでいる宿泊と鞄を二大基盤産業と位置づけ、関係者と協力し、より強く、より大きな産業に育て、若い人たちの受皿を作ることにしています。

豊岡の鞄産業は、海外で生産された安価な商品の流入で価格競争に巻き込まれて、長らく苦境にあえいでいました。しかし業界の懸命な努力の結果、出荷額は二〇一〇年に底を打ち、二〇一三年には東京・足立《あだち》区を抜いて国内トップに躍り出ました。世界最高峰のプロダクトデザイン賞を受賞するバッグも出てきました。

豊岡鞄は、二〇〇六年、商標法に基づく地域団体商標、いわゆる「地域ブランド」の登録を受け、それが鞄産業の反転攻勢の原動力となっています。

今、鞄業界が特に力を入れているのが、人材育成です。二〇一四年にメーカーが中心となって、トヨオカ・カバン・アルチザン・スクールが開校されました。鞄職人の育成を目指す一年間のスクールで、鞄に関する専門知識を学び、実際に鞄を企画、製作する技を身につける学校です。

定員は現在一三名で、全国からスクール生が集まってきます。卒業生の多くは、市内の鞄企業に就職しています。スクール生は、鞄づくりを学ぶ場として豊岡にこそ価値を認めてやってきた人たちです。人数は多くありませんが、「突き抜けた豊岡に暮らす価値」の創造を目指す地方創生事業のシンボリックな成功例と言えます。

豊岡鞄の次の挑戦は、財布や名刺入れなどの革小物です。

革小物は、製造工程や材料・製品の在庫保管にあまり場所を取らず、しかも鞄と同程度のマーケットがあります。つまり現在の豊岡の鞄産業の規模を倍にできる可能性があるのです。しかし、鞄が「縫う技術」が必要であるのに対し、革小物は「貼り付ける技術」が必要です。その技術は、豊岡の鞄産業にはありませんでした。

そこで、業界の要望を受けて、市が五年間費用を負担して優れた技術指導者を豊岡に招き、技術の習得がなされました。今では、「豊岡財布」のブランド名で販売が始まっています。さらに最近では、豊岡に移り住み、鞄のメーカーで働いて腕を磨いてから、豊岡で独立して鞄の製造販売を行う若い挑戦者も現れてきました。

城崎温泉から豊岡鞄まで、豊岡のさまざまな「ローカル」の挑戦について述べてきました。

ローカルよりもグローバル、より高く、より速く、より大きなものこそが優れているとする一元的な価値観が圧倒的に広がる中で、私たちの国で「ローカル」であることは、長らく停滞や後進性の象徴のように考えられてきました。しかし、今、ローカルであること、地域固有であることは、世界と結びつくことによって資源となり、まちづくりを進める大きな力になることがはっきりと見えてきました。それが「ローカル＆グローバル」です。

第三章　深さをもった演劇のまちづくり

——「小さな世界都市」のためのエンジン③

舞台の幕開け

「小さな世界都市－Local & Global City－」実現のための三つ目のエンジンは、深さをもった演劇のまちづくりです。

芸術文化が、私たち個々人が生きていく上で不可欠なものであること、とりわけそれが大災害時に明らかになることは、二〇〇四年の台風二三号や阪神・淡路大震災について触れた部分で述べました。

のみならず、芸術文化は、まち自体にも影響を与え、まちのあり様に大きな変化をもたらします。深さをもった演劇のまちづくりは、そのことに着目し、演劇やダンスなどのパフォーミングアーツを活かしたまちづくりを進め、世界に突き抜けていこうという戦略です。

豊岡が個性あふれる表現者たちを受け入れ、その活動とまちとの相互作用によって、文化的にも、経済的にも、社会的にも突き抜けて面白いまちになって活気づくストーリーを進めようとする戦略でもあります。

本章では、その試みがどのようにして始まり、どのような経路を辿り、今どこまで進んでいるのかを述べていこうと思います。

豊岡のその物語は、最初から全体像を見通した計画があってそれに基づいて進めてきたわけではありません。それは図らずも、出石永楽館から始まりました。

出石永楽館の復活と永楽館歌舞伎

出石の中心街に、一九〇一年に建てられた近畿地方に現存する最古の芝居小屋「永楽館」があります。テレビに押されて、一九六四年以降閉館されていましたが、所有者のいつか復活させたいという思いから、壊されずに残っていました。「出石城下町を活かす会」

写真4　出石永楽館

提供／豊岡市

の人たちも、清掃活動やコンサートなどのイベントを行い、復活の機運を高める努力を重ねていました。市町合併前には、建物は旧出石町に寄贈されていました。

　私は、合併した直後に永楽館へ行きました。一目見てその趣にすっかり虜《とりこ》になり、市役所に帰るとすぐに復活させることを宣言しました。

　しかし、設計と工事は困難を極めました。建物の部材を一度全部外し、朽ちたりして使えなくなっているところだけ新しい部材に変えられました。工事を率いて後に現代の名工に選ばれた田中定《さだむ》棟梁《とうりょう》が工事がいかに難しかったかを振り返り、「こんな仕事は二度と嫌だ」と述べるほど、高度な技術を要するものでした。

二〇〇八年八月一日には、「柿落《こけらお》としは歌舞伎でしてほしい」という地元の要望を受けて、片岡愛之助さんを座頭に大歌舞伎が行われました。

以来、二〇二〇〜二二年の三年間はコロナ禍で中止となりましたが、片岡愛之助さんを座頭に、毎年秋に約一週間、永楽館歌舞伎が上演されています。客席数約三五〇、舞台と客席の圧倒的な近さと一体感が永楽館歌舞伎の大きな魅力になっています。見終わると、興奮で体が火照っているのが分かります。

愛之助さんと共に毎回出演している中村壱太郎《かずたろう》さんは、人気〝演目〟となっている「口上」で豊岡の名物を入れ代わり立ち代わり紹介し、さらに豊岡市へのふるさと納税を会場に呼びかけるというサービスぶりです。

この歌舞伎の期間中、町は華やぎ、歌舞伎を目当てにやってきた人たちで賑わい、経済効果も生まれています。アートを目当てに市の内外から人々が集まり、町が活気づく典型的成功例と言えます。後述の豊岡演劇祭の先駆けと言っていいと思います。もっとも、柿落としは別として、その後はチケットがなかなか売れませんでした。ようやく六回目にして愛之助さんが出演したテレビドラマ「半沢直樹」の効果で爆発的人気が出て、以後すっかり定着したことを見ると、新しい取組みが根付くにはそれなりの時間を覚悟する必要があると改めて思います。

永楽館歌舞伎のために作られた「神《こう》の鳥《とり》」が、二〇二一年一一月、愛之助さんを座頭に東京の歌舞伎座で演じられたのは何とも嬉しいことでした。一〇月に、「ついに、永楽館で生まれたものが、歌舞伎座でかかります!!!」と、ビックリマークが三つも付いたメッセージが愛之助さんから届きました。コロナ禍で上演できなかった永楽館歌舞伎への愛之助さんの思いが、ひしひしと伝わってくるようでした。

赤字施設をタダで貸す

城崎温泉の端に県立の「城崎大会議館」という、収容人数が千人規模の古いホールがありました。二〇一一年三月に策定された兵庫県の第二次行革プランを受けて、市が施設を引き受けることになりました。

しかし、年間約二千万円の赤字を出す「お荷物施設」でした。県から受け取ってはみたものの、使い道に困りました。壊して駐車場にした方がよほどいいのではないかと考えたこともありました。

なかなか良い解決策が見つからないまま時が過ぎていく中、二〇一一年八月、東京出張のＪＡＬの機内でうとうとしているとき、ふと「いっそのこと、タダで劇団に貸してはどうか」と思いつきました。城崎大会議館は、人口規模の小さな城崎地域にはあまりに大きく、経営努力をして利用率をアップしてみたところで、せいぜい一〇〇万円改善できるかどうかだろう。それならばその赤字は端《はな》からあきらめて、劇団の滞在制作にタダで貸して、その代わりに途中経過を公開してもらってはどうか。完成した作品を劇場に見にいくことは普通のことですが、制作途上の作品を見ることはそうできるものではありません。その結果、劇団目当ての観光客が増えれば、施設自体は赤字でも、町全体として黒字になるのではないか。宿泊客が千人も増えれば町全体としては収支トントン、二千人増えれば黒字になる、というほどの考えでした。

なぜ劇団なのか。コウノトリが縁で関係のできた劇団わらび座の本拠が秋田県仙北《せんぼく》市にあり、そこには多くの人々が訪れていました。そのことが頭の片隅にあり、それがこのアイデアに結びついたのだろうと思います。

アーティスト・イン・レジデンスの可能性

二〇一一年九月、仕事柄演劇とつながりの深い岩崎孔二豊岡市民プラザ館長に、実現可能性の検討を依頼しました。岩崎館長は、市民プラザのスタッフと議論してその可能性を確信。ちょうど豊岡に来ていたジャパン・コンテンポラリーダンス・ネットワーク代表の佐東範一《のりかず》さん、ダンサーの山田珠実《たまみ》さん、藤田善宏さん、鈴木ユキオさんら日本の現代ダンスを代表する人たちに現場を見てもらい、意見を聞きました。このとき、「いいアイデアだ。日本一のアーティスト・イン・レジデンスになる可能性がある」とのアドバイスをもらいました。

二〇一一年一一月には、劇作家の平田オリザさん、ニッセイ基礎研究所主席研究員の吉本光宏さん、富良野メセナ協会代表の篠田信子さんらが講演会の講師として来豊した機会に、岩崎館長は同様に意見を聞きました。吉本さんは、パフォーミングアーツに関して進んでいる世界のアーティスト・イン・レジデンスの状況と、立ち遅れている日本の状況に明るく、「いけるんじゃないか」との反応でした。平田オリザさんは、施設のセンスが悪く、使い勝手も悪いことから、「城崎は魅力的なので頑張ればいけるかもしれないが、よほど工夫しないといけないだろう」との回答でした（私は、平田さんのこの反応を、施設完成よりずっと後に平田さん自身から聞いて驚くことになります）。

私の記憶では、岩崎館長からは「平田さんたちにお聞きしたところ、大丈夫、いける、とのことでした」と聞いていました。

そこで、二〇一二年度、城崎大会議館を演劇やダンスの滞在制作の場として活用する基本計画を策定することにしました。地元有識者で策定委員会を組織し、佐東範一さん、平田オリザさん、吉本光宏さんに、アドバイザーをお願いしました。

ちなみに、このときのいきさつについて平田さんは、「私はよほどうまくやらないと難しいと言ったが、どうしてもやりたかった岩崎館長が、市長に対し、平田が大丈夫と太鼓判を押したと伝え、市長がそれに乗ったらしい」と冗談交じりに話し、逸話となっています。

そういえば、岩崎館長には、「前科」がありました。既述の通り二〇〇一年、私の市長就任時、駅前再開発ビル・アイティの駐車場を経営する第三セクターが破綻寸前になっていました。大騒動の末、債権者に返済期間の延長と金利の低減を求め、かつ七階を市が買収することなどで再建策をまとめたのですが、問題は七階の利用方法でした。私は子育て支援の拠点とするように指示しました。しかし、当時、市職員で駅前再開発の担当だった岩崎君は、「面積が大きいので……」と言って、子育て支援の拠点に、ホールを持った「市民プラザ」をちゃっかり付け加える案を持ってきました。彼は、以前、ミュージカルをやっていたのです。「市民の、市民による、市民のための ホール」という彼の説明を私は受け入れました。こうしてできた市民プラザは、今、市民の芸術文化活動の一大拠点となっています。市民プラザの活動によって、深さを持った演劇のまちづくりの土壌が育まれたと言っていいかもしれません。

「城崎国際アートセンター」オープン

このような経緯で、城崎大会議館は城崎国際アートセンター(KIAC)として、二〇一四年四月に新たなスタートを切りました。大ホールと六つのスタジオ、二二名が宿泊可能な宿泊施設を持つ、パフォーミングアーツに特化した日本最大級のアーティスト・イン・レジデンスの拠点です。

キックオフイベントとして、日本劇作家大会を誘致しました。日本中から劇作家、演出

写真5　城崎国際アートセンター

撮影／西山円茄

家、俳優など演劇関係者が集まり、ＫＩＡＣの存在は、日本の演劇界に一気に知られるところとなりました。

　その年度、私たちの予想をはるかに超えて、稼働日数が三二〇日という驚異的なスタートとなりました。ＫＩＡＣのオープンは、アートを軸にした大交流への道を予感させるものとなりました。

　九月から一〇月には平田オリザさん自身も一か月滞在し、フランスのノルマンディー秋の芸術祭から委嘱された作品、アンドロイド版「変身」を制作しています。

　ＫＩＡＣでの滞在は三日から最長三か月まで可能です。稽古と宿泊が同じ建物ででき、二四時間ぶっ通しで利用できます。滞在アーティストからは、終電によって強制的にスイッチをオフにする必要がないため、集中して創作に打ち込めると好評です。

施設の使用は無料です。代わりに、途中経過の場合も含めて作品の試演会やワークショップなどの地域交流プログラムの実施が条件となっています。それらは原則無料で鑑賞や参加ができます。市民の側からすると、国内のみならず海外でも活躍するアーティストがわざわざ旅費を使って豊岡まで来てくれて、最先端の挑戦を無料で見せてくれる優れた仕組みです。

滞在アーティストを観光大使に任命

ＫＩＡＣに滞在したアーティストには、帰り際に観光大使の任命状が手渡されます。例えば、カンヌ国際映画祭女優賞を受賞したイレーヌ・ジャコブさんと夫で著名な俳優のジェローム・キルシャーさんへの任命状にはこう書かれています。

あなたは豊岡に滞在し、温泉を楽しみ、狂言を鑑賞し、お寿司を食べ、浴衣で温泉街を散策されるなど、大いに豊岡の暮らしを楽しまれました。よって、あなたは帰国後も豊岡の良さを人々に伝える責務を負っているものと考えます。豊岡市長は、愛を込めてあなたを豊岡市の観光大使に任命いたします。

フランス語の文面も任命状の裏面に書かれています。二〇一五年にパリのイレーヌさん・ジェロームさん夫妻の自宅に泊まった際には、任命状が部屋に飾られているのを見ました。毎回同趣旨の任命状が滞在アーティストに手渡されます。ロビーの柱に自身の名前を書き込む特権と共に、任命式は人気のイベントになっています。

城崎温泉の外湯を管理する湯島財産区は、二〇一四年、滞在アーティストは城崎の住民と同額の一一〇円で外湯に入ることができるよう、条例を改正しました。入浴パスを持って行くと、「ああ、アートさんね」と親しみを込めて言われたりしています。「アーティストは、住民と同じである」というメッセージとして、滞在アーティストに喜ばれています。

城崎国際アートセンターの直営化

ＫＩＡＣが驚異的な稼働率と滞在者の多彩さでスタートした年、市は地方創生総合戦略の策定を進めていました。豊岡の人口減少の最大の要因は若者の流出にあり、その最大の原因は、若い人たちが抱いている「豊岡は貧しくて、つまらない」という強烈なイメージにあるという基本認識に基づいて戦略を立てていました。

「貧しい」というのは大企業が少ないことなどによる経済的魅力の乏しさを表現し、「つまらない」というのは文化的魅力に乏しいことを表現していました（二〇二〇年度からの第二期地方創生総合戦略では、女性の若者回復率の低さに気づき、ジェンダーギャップの存在を人口流出の第三の要因として戦略の改訂を行っています）。

私たちは、ＫＩＡＣがその「文化的魅力に乏しい」というイメージの払拭に役立つのではないかと考えるようになりました。

他方で、ＫＩＡＣの運営を委託されていたＮＰＯ法人プラッツもあまりの活況で手いっぱいになっていたこともあり、二〇一五年、ＫＩＡＣを地方創生の文化的戦略拠点と位置づけ、同年度から市の直営にすることにしました。

直営化に際して、館長人事に悩みました。世界中からアーティストがやってくる施設です。

二〇一四年一二月一七日、私は東京・上野にある国立西洋美術館一階の「カフェすいれん」で平田オリザさんと向き合っていました。館長の適任者についての相談でした。しかし残念ながら、「この時期、適任者はもうほかの施設に決まっていて、出払っている」との話でした。

話題を変えようと、私は「あ、そうそう、田口君がお世話になっていまして」と言いました。

田口幹也君のことでした。彼は、平田さんの発案で作ることになったＫＩＡＣの滞在アーティストとその公演や関連企画のスケジュールを紹介するイヤーブックの制作に携わっていて、平田さんとの接点がありました。

平田さんが閃《ひらめ》いたように口を開きました。

「あ、田口君が館長になるなら、私はタダで芸術監督になってもいい」

「……なるほど、それも案ですね」と、すぐには返事をせず、私はいったん豊岡に帰りました。

　改めて考えてみました。

　田口君は豊岡市出身で、長らく東京に住んでいましたが、東日本大震災を機に豊岡にUターンをしていました。妻は著名な漫画家・ひうらさとるさんです。帰ってきた当初は、もっぱら「ひうらさとるの夫」と紹介されていました。

「おせっかい」という肩書きの名刺を持って市役所に出入りするようになり、真野副市長が面白がって、大交流課の事業のアドバイザーをしてもらうようになりました。豊岡を東京で売り込む「豊岡エキシビション」*の企画も担当していました。東京では、サッカー専門新聞の立上げや飲食店経営にも携わった経験がありました。

　KIACは初年度に活況を呈しているとは言うものの、市内外の認知度は関係者以外にはほとんどゼロという状況でした。彼のセンスとネットワークを使えば、KIACを地元に根付かせ、存在感を確固たるものにできるだろう。なるほど適任だと納得し、一二月二六日、田口君に市長室まで来てもらいました。

「平田オリザさんが、田口君が館長になるならタダで芸術監督をやってもいいとおっしゃっているけど、やらない？」と水を向けると、「少し時間をください」と言って帰り、三

○分後に「家族と相談した結果、お受けします」という返事がありました。

実は、田口君一家は、県南の都市部への移住を決め、引っ越し準備がほとんど終わっている状態でした。

「妻から、城崎なら毎日温泉に入れるし、昼間から女性がビールを飲んでいても文句を言われないからいいんじゃないと言われた」と田口君から聞きました。

田口君には、館長兼マーケティング・広報担当という形で就任してもらうことにしました。

実際、KIACは、その活況と田口館長のメディアとのネットワークもあって、さまざまな媒体に取り上げられることになりました。田口館長のメディア関係の友人たちが続々と「取材」と称して城崎へやってきては旧交を温め、城崎温泉とKIACは、多くのメディアに取り上げられ続けました。

＊二〇〇九年に「箱根の山を越えろ」という合言葉の下に始めた、豊岡のプロモーション事業。東京のホテルなどの会場に、さまざまな企業、中央省庁などの人たちを招き、豊岡のプレゼンを行う事業です。最終年の二〇一九年には、七七社一一九人が参加する一大イベントに成長しました。KDDIの副会長、JALの常務、ソニーの社長などの参加を得たこともありました。

平田オリザさん、芸術監督就任

こうして田口君が館長就任を承諾したところで、私は平田さんに連絡をし、芸術監督就任の約束を取り付けました。市の文化・教育行政全般にもアドバイスをする市参与も兼務してもらうことになりました。さすがにタダでは申し訳なく、しかしタダに近いような報酬でした。

KIACには、最近では毎年二〇か国前後、六〇～九〇程度の団体・個人から応募があり、厳正な審査によって一五程度が採択されています。

私は当初、対象として国内の劇団やダンスカンパニーを念頭に置いていました。しかし、計画づくりに関わる佐東範一さん、平田オリザさん、吉本光宏さんら世界を見、世界で活躍している人たちの意見によって、KIACは世界に開かれたものとして構想され、スタートしました。

KIACはこれまでに、国内はもとより、世界各国から錚々《そうそう》たるメンバーが訪れ、制作と稽古に没頭しています。前出の国際的俳優、イレーヌ・ジャコブさんやジェローム・キルシャーさん、フランス現代演劇を代表する演出家のパスカル・ランベールさん、現代音楽の分野で世界的に知られるアルディッティ弦楽四重奏団、そして非常に優れたダンサーであり俳優の森山未來《みらい》さん、共作をした芥川賞作家の村田沙耶香《さやか》さんと劇作家・演出家の松井周さん等々、枚挙にいとまがありません。それはそのまま、豊岡と世界の演劇・ダンス界をつなぐ一大ネットワークになっています。豊岡が芸術文化の創造の場として選ばれたのです。

ＫＩＡＣの滞在制作は、一見新しい取組みのように映ります。しかし、城崎温泉では、もともと文人墨客《ぼっきやく》に滞在してもらい、その創作活動を支える伝統がありました。伝統工芸の麦わら細工でも、外から絵師が招かれて滞在し、下絵を描くということが行われてきました。最近では、旅館の若旦那たちが、「本と温泉」という出版レーベルを作り、作家に城崎に滞在してもらい、城崎でのみ販売する条件で書いてもらい、本を出版するという活動を行っています。これまでに万城目学《まきめまなぶ》さん、湊《みなと》かなえさん、tupera tupera《ツペラツペラ》の本が出版されています。

ＫＩＡＣは、そうした伝統をパフォーミングアーツの分野と世界に広げたのだと言えます。

ＫＩＡＣの活動によって、豊岡は、コウノトリ野生復帰、インバウンドに加え、パフォーミングアーツの分野でも一気に世界とつながり始めました。ＫＩＡＣが築き上げ、今も強めつつある、世界の演劇・ダンス界とのネットワークは、豊岡の大きな財産になりました。アーティストたちは、東京を飛び越え、名古屋でも、大阪でも、福岡でもなく、世界の中から豊岡を発見し、創作の場として選び、やってきます。このＫＩＡＣの成功が、その後豊岡に四年制の県立大学をもたらす大きな原動力となります。

平田オリザさん、豊岡へ

二〇一七年八月下旬、市内で芸術文化に関するシンポジウムが開かれました。私は、平田さんと共にその舞台の上にいました。

シンポジウムの終了間際、平田さんが、「いずれ劇団青年団の本拠を豊岡に移します。そのときは私も移ってきます」と発言しました。それは、豊岡を創作拠点にする、という宣言でもありました。

突然の発表に会場は一瞬言葉を失い、一呼吸置いてから大きな拍手が湧きました。取材をしていた神戸新聞の記者は「大ニュース」と興奮し、記事がネットに配信されると、今度は演劇に関心のある人たちが騒然となりました。劇団青年団のホームページはアクセスが殺到してダウンし、ネット上では、「嘘《うそ》だろ?」「腰を抜かした」「時差ボケが吹っ飛ぶほどの衝撃」などという言葉が飛び交いました。

平田さんの移住の考えは、以前から聞いていました。準備は静かに進行していました。東京・五反田にあった劇団の倉庫機能の大半は、すでに豊岡のJR江原《えばら》駅近くに移転していました。稽古場候補地のリストアップも進んでいました。

当時、平田さんは、こんなふうに述べています。

私自身は、現在、一年の四分の一を海外で過ごし、三分の一を東京以外の場所で過ごしています。(中略)/豊岡に滞在中に、但馬空港から朝の飛行機で伊丹《いたみ》に行って阪大で授業を行い、夕方の便で豊岡に戻ったことも何度かあります。(中略)/(中略)東京にいなければならない理由が、まったくなくなってしまったというのが実情です。

(青年団公式ホームページ「主宰からの定期便」二〇一七年九月六日)

城崎国際アートセンターは、世界でもトップクラスの理想の創造環境にあり、（中略）滞在制作の経験から、より安定し集中して作品づくりに取り組む環境を望む気持ちがより一層強くなりました。

（同前二〇一七年九月四日）

江原河畔劇場オープン

平田さんと劇団青年団の活動拠点となる「江原河畔劇場」は、二〇二〇年四月にコロナ禍の中で静かにオープンしました。劇場は、平田さん側が市から購入した旧商工会館の建物を活用して整備されました。

旧商工会館は、耐震化工事に必要な多額の費用に困った商工会が、市の勧めで市の日高庁舎内に移転することになったため、商工会から市に無償移譲されていたものでした。地域活性化のために役立ててほしい、というのが譲渡にあたっての商工会の条件でした。もともとは、旧日高町役場の建物を商工会に譲渡したものでしたので、実質は、返還を受けたようなものでした。

劇場整備にあたっては、主に中小企業庁の補助金制度が使われました。これは劇場などの整備で商店街の活性化を図る取組みを支援する仕組みで、補助率は三分の二でした。

劇場ができたことで、江原駅の周辺に人の流れが少しずつできてきました。周辺に移住する劇団員も徐々に増えてきました。後述する芸術文化観光専門職大学の学生も住むようになりました。劇場の立地による地域活性化の効果はまだ途上ですが、やがて大きなうねりを作るだろうと期待しています。

芸術文化観光専門職大学の誘致

平田さんの移住決断の背景には、もう一つ重要な要素がありました。専門職大学誘致の動きです。これは、二〇一五年に遡ります。

その年の六月二二日、私は県立但馬技術大学校元校長の椿野晴繁さんの訪問を受けました。

「政府の産業競争力会議で、専門職大学を制度化する方針が出た。日本のものづくりは、技術者も大切だが、現場でものづくりを監督できる技能者を育てないと衰退してしまう。

但馬技術大学校を、技能者を育てる四年制の大学にするチャンスだ」という話でした。

大学のない豊岡・但馬にとって、四年制大学の設置は悲願でしたが、少子化で既存大学の存続すら危ぶまれる中で、正直、私自身は実現を困難視していました。しかし、新しい制度なら可能性はあります。但馬技大にはすでに施設も組織もあるので、一から大学を作る場合に比べてハードルが低く、県も話に乗りやすいだろうという読みもありました。

そこで県に働きかけることにしました。

椿野さんの来訪から二か月後の八月一二日、但馬の市町長らが意見交換をする「但馬地域づくり懇話会」の席で、井戸知事に対し、中央教育審議会で職業教育の高等教育機関の検討が進んでいることを伝え、但馬での実現に向けた検討を訴えました。

「但馬の人口減少の最大の要因は一〇代の若者の流出にあります。私たちは、二〇代での回復に焦点を当てて地方創生戦略を進めていますが、一〇代の転出抑制も重要な課題です。その切札として、但馬技大をパワーアップして専門職大学の設置を実現することができないでしょうか」

発言要旨は、事前に県に提出していました。

知事の回答は、「文部科学省の検討を見極めたい。但馬技大は職業訓練校として作っているので少しハンディがあるが、専門的な高等教育機関を設置していくという流れの中で検討していく、ということになるのではないか。これからも注目していきたいと思う」というものでした。

こうして議論がスタートしました。

さらに二か月後の一〇月一三日、但馬の三市二町で、正式に「但馬における職業教育を行う高等教育機関の設置」の検討を求める新年度の予算要望を県に提出しました。

構想を広げる

その頃はまだ、但馬技大をベースにした構想で、ものづくりの技能者を育てる大学、という提案でした。しかし城崎温泉でインバウンドが急増していることを踏まえ、その後、ものづくりに加え、豊岡の強みである観光を学ぶ大学へとイメージが膨らんでいきます。

ある日のこと、市が城崎の「地域プロデューサー」を委嘱していたブックディレクターの幅允孝《はばよしたか》さんと会う機会がありました。ものづくりと観光をベースにした専門職大学の構想を話すと、「観光は狭く考えない方がいい。観光は総合コミュニケーションです」というアドバイスが返ってきました。第二章で言及した、観光は「総合コミュニケーション」

というのは、ここに端を発しています。ちなみに、幅さんを豊岡と結びつけたのも、KIACの田口幹也館長でした。


二〇一六年五月三〇日、コウノトリ但馬空港で、偶然、平田オリザさんと一緒になりました。ロビーで、ものづくりと観光コミュニケーションを学ぶ専門職大学構想の話をしました。機内に入ると、なんと席が隣同士でした。私たちは話を続けました。

「コミュニケーションなら、演劇です。観光コミュニケーション系列に演劇を入れた方がいいです。もし演劇が入るなら、積極的に応援します」と平田さん。

当時、市の教育委員会は、平田さんの指導の下、五つのモデル校において、小学校六年生と中学校一年生を対象にした「演劇によるコミュニケーション能力向上」の取組みを行っていました。「コミュニケーション」の中に演劇を入れ込む平田さんの提案は、腑《ふ》に落ちました。

この日はちょうど、国の中央教育審議会が専門職大学の創設を答申するという大きな節目の日でもありました。

このとき平田さんは「もし演劇やダンスを学べる大学ができるなら、移住します」と、つい私に言ってしまったそうなのですが、私自身は記憶から抜け落ちています。井戸知事をどう説得するかで頭がいっぱいだったからかもしれません。

構想にアートを据える

二〇一六年八月九日、「但馬地域づくり懇話会」が開かれました。専門職大学に関する国の中央教育審議会の答申が出たことを受けて、知事に対し、豊岡市から再び専門職大学設置の要望をすることにしていました。

同時に私は、演劇やダンスを学ぶ大学という平田オリザさんの発想に対し、果たして井戸知事の反応がどのようなものになるのか、神経をとがらせていました。

ものづくりと観光コミュニケーションを学ぶ大学の設置検討を知事に要望した後、私はこんなふうに続けました。

「さらに、この地域だからこそというものが何かできないか。まだ思いつきの段階ですが、城崎国際アートセンターに世界中から優れたアーティストが来るようになり、県には芸術文化センターがあります。このあたりを活かして、まだ日本の中で取り組んでいないような分野があるかもしれないと思っています」

懇話会終了後、改めて専門職大学に関する要望書を、但馬の三市二町の首長連名で知事に手渡しました。要望書には、「県の但馬地域創生における戦略的取組みとして、ものづくり技術系列、観光コミュニケーション系列等を柱としながら、但馬の強みを生かした、全国や海外からも学生を呼び込めるような魅力的な4年制の専門職大学を但馬に設置いただくよう、強く要望いたします」（傍点、筆者）と書いていました。

その際のやり取りです。

中貝「大学設置のような事柄は、理念だけではだめで、理念を体現して自分事としてやる人材が必要。その点、平田さんなら大きな力になっていただけます」

井戸「うん、城崎国際アートセンターもあるので、芸術系の学部がいいかもしれない」

井戸知事には、以前から、ＫＩＡＣの成功を非常に高く評価してもらっていました。せっかく大学を作るのであれば、突き抜けたものにしたいという考えであることも、金沢和夫副知事から内々に聞いていました。

そこで私は、「県には芸術文化センターもピッコロシアターもあるので、兵庫県内で連携すればアート分野でいいものができます」と、アートも構想に加えることを念押ししました。

専門職大学構想検討会スタート

その後もさまざまな協議や県内部での検討がなされ、二〇一六年一〇月一九日の県予算に対する要望の際に、知事から観光とアートの二つの系列で専門職大学を作る方向性が示されました。

但馬技大については、現在の機能が引き続き必要であることなどから、専門職大学とはリンクさせない、との判断でした。この席で、二〇一七年度に、県と地元が共同で大学のあり方を探る場を設置する案も知事から示されました。最終的に専門職大学は、豊岡の強みである演劇と観光を学ぶ大学、というフレームになりました。

私たちが蹴り出したボールに、幅允孝さんと平田オリザさんが巧みにちょこんと足を当てたことでボールの軌道が変わり、ディフェンスラインをスルスルッと抜ける絶妙のパスになり、ゴール前の井戸知事に渡ってシュートが決まった、といった趣です。改めて振り返ってみると、これ以外のストーリーでは、大学はできていなかったのではないかという気がします。

こうして、二〇一七年度の県予算に、専門職大学構想を策定する調査費が計上されることになりました。

二〇一七年八月二一日には但馬における専門職大学構想検討会が設置され、座長に平田オリザさんが就任し、県の構想策定作業が始まりました。

開設目標年度と学長候補

構想策定は始まりましたが、開設目標年度をいつにするかで、県の事務方と私たちの希望との間には隔たりがありました。但馬技大をベースにする案の頃は、建物はすでにあることから二〇一九年度開設を訴えていましたが、校舎を一から建設するとなると、最短でも二〇二〇年度になります。人口減少対策としては早ければ早い方がいいと、私たちは最短を主張していました。しかし、県の事務方は、二〇二〇年度は不可能、二〇二一年度も難しい、との立場でした。事態はなかなか動きそうにありませんでした。

私は井戸知事に直接話をすることにしました。

二〇一七年一一月一〇日夜、神戸市内に、井戸知事、平田さん、中貝などが集まりました。県立美術館の蓑豊《みのゆたか》館長も同席でした。

やり取りの末、井戸知事が決断しました。

「分かりました。オープンは二〇二〇年度にしましょう。そう言わないと役人はさぼるから」

同席していた県の部長があわてました。

「知事、それは……！」

実際、校舎の建設に二年かかるとすると、計画一年、設計一年、建設二年で、国の認可などがスムーズに行ったとしても、開設は二〇二一年四月になります。気の毒になって助け舟を出しました。

「二〇二〇年度を目指すが、それが困難なときは二〇二一年度オープンということでどうでしょうか」

「じゃあ、そうしましょう」と井戸知事。

平田さんが手洗いに席を外しました。

その隙に、「ところで知事、学長候補はどなたがいいでしょうか？」と尋ねると、

「そりゃあ平田さんでしょう」

「ですよね」

平田さんが席に戻ってきました。


「平田さん、知事が、学長は平田さんにお願いしたいとおっしゃっていますが」

「ぜひお願いします」と井戸知事。

「ええ?!」

というような経過で、学長候補が事実上決まりました。私たちは、「世に言う平田オリザのトイレ帰り仰天事件」と呼んでいます。


一見冗談のような経緯と見えるかもしれません。形式通りの手順を踏むのであれば、大学の理念や内容が固まってから公募する、ということなのかもしれません。しかし、これまでに例のない極めて野心的な挑戦です。器ができ上がった後にトップを呼んできて器の形に押し込むというのではなく、自分こそが理念を体現し、立上げから体を張ってリードするという人を据えなければ、うまくいくものではありません。

平田さんは日本を代表する劇作家で、世界的な演劇のネットワークがあるだけでなく、過去に国の成長戦略会議の観光部会座長を務めるなど、観光分野にも極めて明るい人です。

しかも、全国の高校などで演劇のワークショップや指導を直接行うなど、演劇に関わる高校生や指導教員とのつながりが深く、演劇を目指す日本中の高校生たちにとって、「姿が具体的に見えている」存在であることも、学生を惹きつける上で大きな強みでした。地元豊岡とのつながりも、十分ありました。平田さんの選択は、井戸知事の的確な判断であったと思います。

芸術文化観光専門職大学開校！

専門職大学は、「芸術文化観光専門職大学」と正式に名づけられ、二〇二一年四月に開校しました。

演劇・ダンスの実技を本格的に学ぶことができる国公立初の大学であり、芸術文化と観光の両方を学ぶことができる日本初の大学です。

ＫＩＡＣが豊岡にあることも、この大学の大きな強みです。学生たちは、日本や世界の各地からやってくるアーティストの最先端の取組みを絶えず間近に見ることができます。

定員は一学年八〇人、四学年で三二〇人の小さな大学ですが、初年度の志願倍率は七・

八倍と、素晴らしいスタートを切りました。この大学に入るために、高校卒業時にどの大学も受験せず、一年間浪人したという人も何人かいました。

こうして北海道から沖縄まで、全国から才能あふれる八四人の学生たちが豊岡にやってきたのです。

この大学の主たる目的は、俳優やダンサーを育成することではありません（もちろん俳優やダンサーを目指す学生がいてもいいですし、現にいます）。

学位は、観光学士（専門職）か芸術文化学士（専門職）が与えられます。

「観光」は何を学ぶか、ある程度イメージすることができます。他方、芸術文化（演劇・ダンス）を学ぶというのは、どういうことでしょうか。

まず、学生たちは、全員がコミュニケーション能力向上のために演劇を学びます。コミュニケーション能力は、観光にとっても重要です。

なぜ演劇を学ぶことでコミュニケーション能力が上がるのか。後述で詳しく説明しますが、演劇はロールプレイです。自分以外の人を演じることを通じて、他者への想像力が身につきます。他者への想像力は、コミュニケーション能力の基礎です。少なくとも、観光に携わる人々が来訪者と直接触れ合う場面でコミュニケーション能力を発揮すれば、観光はずっと楽しくなります。

それだけではありません。既述の通り、観光は、総合コミュニケーションです。演劇やダンスの創作や舞台設定のセンスは、まち全体の観光デザインにも役立つはずです。

一方、「芸術文化」の専門分野では、芸術文化のマネジメント、劇場など文化施設の運営やイベントの企画運営、文化政策などを学びます。大学が想定している就職先は、劇場・文化ホールなどの文化施設、芸術文化団体、劇団、芸能プロダクション、テレビ局、メディア産業、イベント企画会社、国・地方自治体（芸術文化政策部門）などとされています。これらの分野の専門職を育成するということです。

「芸術文化観光」を学ぶ

それだけではありません。観光と演劇・ダンスの両方を学ぶことには、もう一つ重要な狙いがあります。芸術文化を楽しむことを目的とする観光の創出です。カニや温泉を目当てに旅行に来る人がいるのと同じように、優れた演劇やダンスなどを目当てにやってくる人たちがいます。国は、二〇二〇年に文化観光推進法を作り、文化資源に触れることを目的とする観光を広げようと力を入れ始めました。文化を楽しむ観光の振興を図り、地域経済の活性化につなげ、今度はそのことを誘因として文化の振興を図るという、観光と文化の共鳴を目指すものです。その文化観光の企画・広報・マネジメントを行うノウハウとセンスを身につけてもらうこともこの大学の大きなミッションです。文化、特に芸術文化を目的とする観光、文字通り、「芸術文化観光」を学び実践する場となります。

この大学の学生たちは、明確な目的意識を持って、北からは東京を飛び越え、名古屋を飛び越え、京都も大阪も神戸も飛び越えて、この大学でこそ学びたいと、わざわざ豊岡に来てくれた学生たちです。南からも同様です。

学長の平田オリザさんは、「神戸新聞」に寄せた文章の中で、北海道の小さな地方都市出身でオーストラリア留学の経験を持つ学生のことを、こんなふうに紹介しています。

オーストラリアでの1年の暮らしの中で、地方都市でも商店街が残り、人々が日々の生活を楽しんでいるのを目の当たりにして、なぜ自分の故郷はこんなに寂しくなってしまったのかを考えた。そして豊岡で4年間、観光とアートを学び、故郷に戻って地域に貢献できる人材になりたいのだと志望理由書にしっかりと書いている。

受験者は、ほとんどがこのような熱意を持った高校生で、そこにはすでに中央志向はない。時代は私たち大人が考えている以上に早く変化している。

(「釧路21」二〇二一年三月二九日)

大学誘致の経済効果

専門職大学の誘致にあたって、豊岡市は大学法人に八億円の寄付と大学用地の無償貸付けを行っています。

但馬は、国の「定住自立圏」に指定されています。豊岡市には、その中心的役割を果たす資金として、総務省から毎年約一億円の特別地方交付税が交付されることになっています。その資金を使ってまず整備したのが、豊岡病院組合を支援する形で実現した豊岡病院の周産期医療センターです。産科と小児科が協同して但馬のお産を支えるセンターです。専門職大学の誘致は、その次に行うべき最重要プロジェクトに位置づけ、八年分の八億円を投入することにしました。

無償提供する用地は、当初、所有者からの買収が条件面の協議で難航しましたが、最後は前野文孝副市長が直談判《じかだんぱん》して決着しました。買収費五億二五五〇万円は、市の地域振興基金を使いました。この基金の六六・五パーセントは国からの交付金で積み立てられており、市の実質負担額は、約一億七六〇〇万円でした。

大学ができることによる市への経済効果も試算しました。学生が四学年そろった段階で、教職員・学生・大学による消費増加額は年間約五億五五〇〇万円で、毎年国から市に交付される地方交付税の押し上げ効果額は約五二〇〇万円と試算しています。

また、卒業生がまったく豊岡に残らない場合でも、若者回復率を、大学がない場合と比べて六・八パーセント押し上げる効果があると試算しています。

大学の存在は、数字では計ることができない部分に最大の効果がありますが、数字を見ても、明らかに効果が期待できます。

この大学の設立は、県の説得に一年、計画に一年、設計に一年、施設建設に二年、計五年という最短の期間で実現しました。

この時期は、県にとって、阪神・淡路大震災からの復興に要した重い財政負担の解消に目途が付き、今後は長年続けた「構造改革」ではなく、年々の歳入と歳出のバランスの中で行財政改革を進める、と宣言がなされた時期と重なっていました。その後、コロナで県財政が厳しくなっていったことを考えると、この大学は、雲の切れ間から光が射し込んだわずかなチャンスに、スルスルッと実現していったとも言えます。

まちを活気づける豊岡演劇祭

パフォーミングアーツをさらにまち全体の活性化に役立てるため、平田オリザさんの提案を受けて、豊岡演劇祭を行うことにしました。二〇一九年に実験的に「第〇《ゼロ》回」と称して行い課題と可能性を確かめた後、二〇二〇年九月九日から二二日までの間、第一回豊岡演劇祭を実施しました。演劇やダンスの公式プログラムが九団体、三五公演、自主参加のフリンジプログラムが二三団体、八三公演ありました。「演劇」祭としていますが、ダンスやパフォーマンス、紙芝居まである多彩な演劇祭です。

兵庫県（但馬県民局）、豊岡市、NPO法人プラッツ、一般社団法人豊岡観光イノベーションで構成される実行委員会が主催し、パートナー企業には、KDDI、日本航空、トヨタ・モビリティ基金、JR西日本などの企業・団体が名を連ねています。

コロナ対策で客席数を定員の半分以下にしましたが、それでも延べ四七三〇人の参加がありました。来場者アンケートによると、参加者の居住地は、豊岡市内が三〇パーセント、豊岡を含む県内が四九パーセントで、県外は五一パーセントという結果でした。関東からも一五パーセントありました。

豊岡市民以外の参加者に宿泊の有無を尋ねると、七三パーセントが宿泊をした、との回答でした。六泊以上という人もいて、平均宿泊日数は二・一七泊でした。コロナ前の二〇一九年度の豊岡の国内宿泊客の平均宿泊日数は一・一泊でした。その二倍です。劇団・スタッフの宿泊だけでも、三五二九人泊となりました。

宿泊を伴う観光と日帰り観光では、経済効果に大きな差があります。日本人の前者の旅行単価は、後者のそれの三・二倍です（二〇一九年観光庁調べ）。

新しい文化観光の可能性が、はっきりと見えてきました。

優れた演劇やダンスを用意すれば、日本全国から、お金と時間をかけて、宿泊までしてわざわざ豊岡まで来る人たちがいる、ということが分かったわけです。しかも、会場は、神鍋高原、竹野海岸、円山川河畔、城崎温泉、豊岡中心市街地と分散していて、観客は市内を移動して演劇・ダンスを楽しみました。当日券を買うことができず、温泉に入って帰ったという人もありました。今まで豊岡になかった観光の形です。演劇祭は、そこがたとえ過疎の地であったとしても、外から人々が集まり、交流を通じてその地の人々が活気づく可能性を持った、有力な仕組みであると言えます。

豊岡演劇祭は、その後二〇二一年はコロナの緊急事態宣言で中止されましたが、二〇二二年は一一日間にわたって開催されました。参加団体数は七七、実施公演数は二六四、来場者数はナイトマーケット参加者も含めて延べ一万八二五〇人と、着実に充実が図られています。

豊岡演劇祭開催の主目的

豊岡演劇祭は、コロナ禍の制約はありますが、もともと国際演劇祭として構想されています。フェスティバルディレクターの平田オリザさんやＫＩＡＣが築いてきた内外のアーティストとのネットワークは、国際演劇祭を支える地下茎のような役割を演じていくだろうと考えています。

この演劇祭には、大小さまざまな目的があります。

芸術活動それ自体に関する目的としては、表現者に表現の場を提供することで世界の芸術文化に貢献する、というものです。

同時に、過疎に苦しむ地方がわざわざ時間とお金とエネルギーをかけて演劇祭を開催することには、その地方にとっての切実な目的があります。その最も重要な目的は、芸術文化観光という新しい観光の創出による地域の活性化です。豊岡演劇祭の戦略目的は、豊岡の観光の閑散期に、市内各地を会場にして演劇やダンスの公演を展開し、市の内外から人を呼び込むことにあります。豊岡演劇祭は、いずれ三市二町からなる但馬地方全域を会場にすることを目指していますので、但馬全域に外から人を呼び込むことを狙っています。

もちろん、市民も演劇祭という非日常を楽しむことができます。市民と演劇祭来訪者との交流も生まれます。そのことも含めて、豊岡演劇祭開催の主目的は、何よりもまず、観光による地域の振興です。

豊岡演劇祭は、リゾート型、回遊型の演劇祭です。演劇やダンスが好きな人は、演目が高原であれば高原に行き、河畔であれば河畔に、海岸であれば海岸に、温泉街であれば温泉街に、農村であれば農村に行くなど、市内を周遊します。しかも、演目は毎年変わります。演劇祭にはリピーターを呼べるという大きな強みがあります。

さらに、演劇祭によって観光が活気づき、地域経済に貢献することが明らかになれば、そのことが誘因となって、地方における芸術文化へのさらなる投資が図られるという、観光と芸術文化の「共鳴」効果も期待できるのです。

生活文化観光と重層的文化観光の可能性

豊岡が演劇祭を開催する目的は、第一に優れた演劇やダンスを目当てにした芸術文化観光であるというストーリーには、しかし、続きがあります。

インバウンド需要拡大の中で、その地における生活文化や「日常」の観光資源化ともいうべき現象が見られるようになりました。従来のような「観光地」ではない地であっても、観光の可能性が広がっています。それに合わせて、従来、観光とは無縁だと考えられていた一般市民も、観光を担う主体として観光の表舞台に出てくるようになりました。観光資源も観光を担う主体も、多様性を帯びつつあります。

それと同様、演劇祭でも、来訪者は、宿泊をしている間に、あるいは演目と演目の間に、海、山、川、温泉、街、食べ物などを楽しみ、さらに地域の人々と触れ合う機会ができます。芸術文化のみならず、その地の生活文化に触れるという、多様性に富んだ重層的な観光を楽しむチャンスが生まれます。実際、演劇祭期間中に地元の食を提供する「ナイトマーケット」は大人気でした。

生活文化の主役は、そこに住む人々です。そこに住む人々との触れ合いは、観光の喜びを倍増させます。私たちは、観光は総合コミュニケーションであり、交流であると定義してきました。豊岡演劇祭を通じて、まさにその通りの観光が今実現しつつあります。

加えて、滞在・訪問アーティストと地域との協同も始まっています。農村舞台が多く残されている但東地域では、劇団・烏丸《からすま》ストロークロックが地元の参画を得て作品を作り、豊岡演劇祭2022で上演がなされました。舞台上の地元の子どもたちに盛大な拍手が送られました。地域とアートの相互作用が始まっているのです。

豊岡演劇祭は、芸術文化観光のみならず、インバウンドと同様、生活文化観光も含む重層的な文化観光を生み出す原動力になると期待しています。そして、この地の人々も、自ら演劇を見るだけでなく、訪れてくる人たちとの触れ合いを通じて、日々の暮らしが豊かなものになっていくだろうと思います。

フェスティバルディレクターの平田オリザさんは、二〇二〇年、演劇祭を始めるにあたって私たちにこう言っています。

「五年でアジア・ナンバー1の演劇祭に、一〇年で世界有数の演劇祭にします。演劇祭は、豊岡のような小さな地方都市の方がいいのです。東京は大きすぎて、ほかにもさまざまなものがありすぎて、期間中演劇祭一色になることはありません。その点、地方は、期間中演劇祭一色になって、楽しいのです」

それを聞いて、私たちは奮い立ちました。

豊岡演劇祭の費用対効果

第一回の豊岡演劇祭２０２０の決算では、かかった費用総額は約六千万円でした。演劇祭に市が出した負担金は五七〇〇万円で、そのうち半額の二八五〇万円は、国からの地方創生推進交付金でした。残りの二八五〇万円のうち二六五〇万円は、「深さをもった演劇のまちづくり」に充ててほしいと使途を指定して企業版及び個人版ふるさと納税で寄せられた寄付金の一部を充てています。市の実質持ち出しである一般財源の負担は二〇〇万円でした。

一方の経済波及効果は約七五〇〇万円に上りました。* コロナ対策として座席数を半分以下に抑え、グループでの飲食をしないよう訴えたことなどを考えると、十分な成果であったと考えています。コロナ禍のような制約がなくなれば、経済波及効果は、さらに大きくなることは間違いありません。

教育への展開——ローカル&グローバルコミュニケーション教育

豊岡は、演劇・ダンスなどのパフォーミングアーツの創造と人材育成の拠点になりつつあります。人々がパフォーミングアーツを楽しむ機会も増えてきました。しかし、それだけではありません。パフォーミングアーツは、「劇場」の外へと溢《あふ》れ出て、役割を広げつつあります。その一例が、ローカル&グローバルコミュニケーション教育です。

豊岡市教育委員会は、二〇一七年度から、ローカル&グローバルコミュニケーション教育を全面展開しています。グローバル人材ではなく、ローカル&グローバル人材、すなわち豊岡を世界に拓く人材の育成を目指しています。

柱は三つあります。ふるさと教育、英語教育、演劇的手法によるコミュニケーション教育です。

一つ目のふるさと教育は、すでに二〇〇〇年前後から始まっていました。それを二〇一七年度からローカル&グローバルコミュニケーション教育として明確に位置づけました。豊岡の素晴らしい点を子どもたちに学んでもらい、故郷への愛着と誇りにつなげることを狙っています。

二つ目の英語教育は、子どもたちに英語を身につけてもらう取組みです。幼稚園、保育園、認定こども園に市の独自の予算で英語の指導者を派遣し、オール・イングリッシュの英語遊びの中で英語になじんでもらっています。小学校にも市独自の予算で外国人指導者を派遣し、遊びから学びへと深めていきます。

三つ目の柱が、演劇的手法によるコミュニケーション教育です。子どもたちは、ボディ・ランゲージのみでコミュニケーションをとったり、グループで話し合って一つの劇を作ったりします。公立の小学校六年生と中学校一年生においては、どの小中学校でもこの授業を取り入れています。中学校一年生の三学期には、豊岡を伝える対話劇を作ります。

＊豊岡演劇祭2022の経済波及効果は、約一億三七〇〇万円と試算されています。

演劇的手法によるコミュニケーション教育の展開は、石高雅信教育長の発案でした。二〇一四年九月、ＫＩＡＣで滞在制作中の平田オリザさんのモデル授業が豊岡小学校であり、その様子を見た石高教育長が興奮した面持ちで市長室にやってきました。

「市長、二年間モデル校でやってみて、三年目から市内全域に広げたいのですが」

演劇的手法によるコミュニケーション教育は教師の授業力向上の核になる、というのが「興奮」の第一の理由でした。当時、特に中学校では、カリキュラムの消化に追われ、「チョーク&トーク」と呼ばれる、教師が生徒に一方的に教える授業ばかりでした。子どもたちの自主性・主体性を育むために、子どもたちの自主的活動に教師が寄り添う「参加型」に変えていきたいと考えていた石高教育長は、「これだ！」と閃いたそうです。コミュニケーションに課題を抱えていた児童が、平田さんの授業で、にこにこしながら一番前に出てきて参加した姿を見たことも大きな刺激になりました。

「この授業は、子どもの居場所になる」

そう直感したとも述べています。

「教育長がそうおっしゃるなら、予算は承知しました」

演劇的手法によるコミュニケーション教育は、二〇一五年度、五つのモデル校でスタートし、二〇一七年度から公立の全小中学校で展開されることになりました。演劇を意識的に教育に応用する取組みがスタートしたのです。

なぜ演劇でコミュニケーション能力が向上するのか

コミュニケーションは、双方向の営みです。キャッチボールのようなものです。自分の意見を言うだけでなく、相手の意見に耳を傾けることが不可欠です。子どもたちは、異なった意見を持つ同級生らと協同して演劇を作る過程でそのことを体感していきます。子どもたちはまた、セリフを考えて演じることで、どうすれば伝えたいことが相手に伝わるかを試行錯誤の中で学んでいきます。

コミュニケーションには、目の前に理解も共鳴もできないことを言う人が現れた場合でも、「なぜこの人はそんなことを言うのだろうか」と、相手の立場に立って理解する能力、他者への想像力が不可欠です。それがなければ、キャッチボールになりません。

他者への想像力のことを、共感力（エンパシー／empathy）と言います。ブレイディみかこさんの著書『ぼくはイエローでホワイトで、ちょっとブルー』（新潮社）の中で、エンパシーとは「自分で誰かの靴を履いてみること」と紹介され、日本でも一躍知られる言葉となりました。

では、なぜ演劇で共感力が育まれるのか。私たちは、こんなふうに説明しています。演劇はロールプレイで成り立っています。もし、いじめっ子がいじめられる子の役を本気で演じたら、その子にどんな変化が起こりうるか。

ある小児科医が、新聞にこんなことを投書していました。

障害者の「障害」とは、その人の属性を言うのではない。能力がないということでもない。その人と社会との間にある壁が障害なのだ。

障害のない人が障害のある人の「靴を履いて」みたら、世界は壁だらけに見えるかもしれません。

他者への想像力が身につくと、どのような球を投げれば相手の心に届くかがより分かるようになるはずです。

なぜコミュニケーション能力が大切なのか

なぜ子どもたちにコミュニケーション能力が不可欠なのか。

それは、人は皆異なっているということに関わります。

グローバル化の進展で、子どもたちは、今よりはるかに多様性に満ちた世界を生きていくことになります。年齢、性別、障害の有無などの違いに加え、国籍、文化、宗教などさまざまに異なる人々と接し、あるいは共に生きていく機会が増えていきます。コミュニケーション能力は、その違いの中で、何とかやりくりしながら共に生きていくために不可欠の能力です。

コミュニケーション能力は、協同・協力の基礎でもあります。コロナ禍でも明らかになったように、私たちは、何が正解か分からない世界に入り込んでいます。そのような世界では、異なる者同士がフラットにつながり、多様な視点から意見をすり合わせて全体像を探る作業が不可欠になります。異なった者同士が協同して、より確からしい結論を探り、協力して事に当たることが、個人としても組織としても生きていく上で有力な戦略になります。

私は、さらにこう考えています。差別やいじめ、ハラスメントの背景には、他者への想像力の欠如があります。差別やいじめ、ハラスメントは、社会が存在する限り、おそらくなくなることはないだろうと思います。しかしそれでも、想像力の向上によって、それらに対する個人的・社会的抗体を高めることができるはずだ、と。この想像力を、演劇による教育が涵養《かんよう》するのです。

演劇的手法によるコミュニケーション教育は、二〇二二年四月の時点で、市内の二五の小学校と九の中学校で行われているほか、但馬地域のすべての高校でも実施されています。さらに二〇二二年度からは、宝塚市内すべての市立小学校でもスタートするなど、各地で広がりつつあります。

果たして演劇で子どもたちのコミュニケーション能力が向上しているのかどうかは、二〇二二年度から二年かけて、市教育委員会、青山学院大学、ロート製薬が共同で検証を行っています。

演劇ワークショップによる非認知能力の向上

演劇は、教育分野において、ほかにも重要な役割を演じる可能性があります。非認知能力の向上です。

ＩＱや学力など、数値的に測ることができる能力を認知能力と言います。これに対し、数値で表すことができない能力のことを非認知能力と言います。例えば、やり抜く力、自己をコントロールする力、他者と協同する力などです。ＯＥＣＤ（経済協力開発機構）などの調査結果から、子どもの生きる力を育むためには、非認知能力の向上が重要であることが分かってきました。

幼児期から学童期が、非認知能力の育ちやすい旬の時期と言われています。そしてその向上には、演劇やダンスなどの自己表現型、アウトプット型の学習が有効だとされています。

そこで、市教育委員会の嶋公治教育長と話をして、二〇一九年度から、小学校のモデル校二校の一～三年生を対象に三年間、演劇ワークショップで非認知能力の向上を図る取組みを行うことにしました。効果検証は、青山学院大学の苅宿俊文《かりやどとしぶみ》教授らにお願いしました。

当初、私たちはこの取組みを子どもの貧困対策として検討を始めました。親の貧困が子どもに連鎖していくことをどう食い止めるか。子どもへの連鎖を防ぐためには、子どもが生きる力を身につけることが重要だ、という考え方です。やり抜く力が勉強に向けば学力が向上するだろうし、物事をやり抜く力があり、自分をコントロールすることができ、人と協同することができれば、社会に出ても経済的自立基盤を確立できるだろうと考えたのでした。

しかし運用上、貧困家庭の子だけを対象にするというのは困難であり、そもそも家庭の経済状況にかかわらず生きる力は皆に必要なことから、まずモデル校の一～三年生全員を対象にすることにしたのでした。

この取組みは、三年間の検証の結果、確かに効果があるとして、二〇二二年度から市内すべての小学校一年生で展開されることになりました。

演劇なんかいらない？

「演劇なんかいらない」と言われたら、そうだ、と思う人もいるだろうと思います。「自分はポピュラー音楽が好きで、自分にとって演劇はなくてもいい」という人がいても不思議ではありません。趣味は、人それぞれです。

しかし、深さをもった演劇のまちづくりは、文字通り「まちづくり」です。「はじめに」

でも記したように、まちづくりは、ある事柄が「私」にではなく、「私たち」にとってどういう意味を持つのかに関わる営みです。「私」にとっての意味と「私たち」にとっての意味は、同一ではありません。

今演劇がさまざまな形で豊岡にあることのまちにとっての意味を――仮にあなたが個人的に演劇は嫌いであったとしても――どう考えるかです。

「演劇は市民の理解を得ていない」という声もあります。しかし、演劇によるコミュニケーション教育を受けたことのある豊岡の児童生徒（小学生から高校生）は、すでに半数を軽く超えています。市教育委員会が実施したアンケートによると、その授業を受けた子どもたちの授業に対する支持は、圧倒的です。非認知能力向上を目的とした演劇ワークショップの授業を受けている子どもたちもいます。幼少期からＫＩＡＣで最先端の取組みを見ている子どもたちもいます。未来に向けて、事態は足元から、深く、静かに、そして着実に変化しています。

また、そもそも、まちのあり様に関わるような大事業がスタート時から市民の大半の理解を得ていることはごく稀です。コウノトリの野生復帰も、最初はむしろ反発の方が強かったくらいです。無関心な人もたくさんいました。

だからこそまちづくりには、自分事となる人が増えるように、対話による「一歩ずつ、一歩ずつ」の「発酵熱」の醸成が不可欠であり、時間と忍耐が必要になります。その時間の経過に耐えられるかどうかが、事の成否を大きく左右します。そしてリーダーは、地域の未来を切り拓くためにやる価値があると自ら信じる事柄について、「発酵」が途切れることなく、一歩ずつ、一歩ずつ前に進むように旗を掲げ続けなければならないと私は考えています。

多様性を受け入れるまちへの変貌

「演劇を見たけど、高尚すぎて、さっぱり分からなかった」という人もいます。

特にコンテンポラリー（現代劇・現代ダンス）のように、見慣れていない「大人」には理解を超えるものもあるかもしれません。しかし子どもたちは、先入観がないからか、おかしな動きや言葉に素直に反応して、けらけらと笑ったりしています。そこからどのようなセンス、創造性や想像力が育ってくるのか、とても楽しみです。

「大人」の私自身は、こう考えています。分からないものを分からないからといって排除するのではなく、分からないものは分からないままに置いておいて、時間の経過の中でどのように変化するのかを楽しむ方がよほどいいのではないか。たとえが適切かどうか分かりませんが、ビールやウィスキーを生まれて初めて飲んだ瞬間から「おいしくて好きになった」という人は、そう多くないはずです。

私自身、さまざまな演劇を見、演劇との関わりが深まるにつれて、気づいたことがあります。

優れた芸術文化は、強い個性の中から生まれてきます。アーティストは独創性を追い求めている人たちです。したがって、アーティストやアートをまちが受け入れることは、多様性を受け入れる風土を育み、自身と相容《あいい》れないものをも受け入れる寛容性を高めます。

二〇二一年にＫＩＡＣの芸術監督に就任した市原佐都子さんは、二〇二二年度ＫＩＡＣ滞在制作の審査結果の発表に際して、「芸術監督からのメッセージ」として、次のような一文を寄せています。

芸術とは、観客へ社会のなかで見えないことにされている問題や、まだ気づかれていない価値を提示し、観客一人一人がそれまでの自分自身や社会の姿を捉えなおす力を持っているはずです。既存の価値観にゆさぶりをかけられた観客はときに混乱し、「不快」を感じることもあるでしょう。しかし「不快」を内包しているからこそ芸術は力を持てるのかもしれません。「不快」を取り除こうとする風潮の強まっている現在、どのように芸術の力を提示できるのだろうか、社会とどう関係を築けばいいのか私自身模索しながら創作しています。

この文章からも、なぜ芸術文化が多様性の受容と寛容性につながるのかを想像することができます。

多様性は人々の視野を広げ、寛容性はまちに人々を惹きつけます。

私は、多様性の受容と寛容性の獲得が、豊岡が世界で輝くために身につけるべき必須条件だと考えています。

創造の地へ

日本では芸術文化も東京一極集中が進み、芸術文化が地方の魅力を支え得ていないとの指摘がなされてきました。豊岡もまた、大都市で作られたものを細々と消費する、過疎的消費地の一つでしかありませんでした。

しかし、KIACや平田オリザさん、劇団青年団、芸術文化観光専門職大学の教員や学生、豊岡のまちづくりに惹かれてやってきた地域おこし協力隊をはじめとする若い挑戦者たち、二〇二二年夏に移り住んだダンサーの岩下徹さんなど、多くの人々の存在によって、豊岡は特にパフォーミングアーツの創造の地になりつつあります。さらに、青年団の劇団員である妻と共に移住してきた知念大地さんは、優れたパフォーマーであり踊り手として知られていますが、「公共に踊りをひらく」活動を「しんしんし」と名づけて開始しています（これでは何のことか分からないと思いますが、もともと言葉にならないものを表現しようとする試みですので、お許しください）。

前述の通り、豊岡演劇祭をきっかけに、アーティストが地域と協同しながら作品を作る動きも出てきました。

人々が芸術文化に触れる機会は格段に増えてきました。優れた舞台や創造の現場を間近に見ることによって、俳優や舞台制作者を目指す子どもたちも出てきました。

芸術文化は、大都市で創られ、「芸術文化の過疎地」である豊岡にはたまにやってくるもの、ではなくて、自分たちのまちで世界に通用するものとして創られているという地域の「自己イメージ」の変化が、ここに住む人々、とりわけ子どもたちにとって大きな意味を持つと確信しています。二〇一五年、平田オリザさんは、KIACの芸術監督就任にあたって、こう宣言しました。「ここに育つ子供たちは、この街で世界と出会う」（平田オリザ『下り坂をそろそろと下る』講談社現代新書、二〇一六年、七六頁）。

重要なことは、芸術文化を創造する力を豊岡が持ち始めたということだと思います。それが豊岡をこれからどのように動かしていくのか、まだ定かではありません。しかし、その分からなさの中に大きな可能性が秘められているように思えます。少なくとも、創造の地こそが人々を強く惹きつけ、活力を獲得することは間違いありません。

深さをもった演劇のまちづくりとは何か

結局、「深さをもった演劇のまちづくり」とは、ただ単に「人々が演劇を楽しんでいるまち」ではなく、演劇やダンスなどのパフォーミングアーツの創造の地であり、かつ、それらが観光、教育、介護など、さまざまな分野で役割を果たし、地域に深く根差しているまちを目指しています。その概念は、未来に開かれた概念です。パフォーミングアーツのまちづくりへの適用の可能性を探りながら、一つひとつ具体化していくことで、その結果として、やがて「深さをもった演劇のまち」が、豊岡の強い個性と魅力の一つとしてはっきりと姿を現してくるだろうと思います。

「豊岡はなぜ演劇なのか」とよく聞かれます。答えは、「それがそこにあったから」というものです。

まちづくりの物語の始まりは、多くの場合、偶然です。

もともと、まちと演劇とのつながりは、その強弱は別として、神社があるようなところではたいていあります。たまたま豊岡は、そのつながりが出石永楽館の復活によって発火して活性化し、さらにその後、県から譲り受けた城崎大会議館の扱いに困った挙げ句にKIACの構想を思いつき、やってみたら大成功をした。その都度その都度の対応をしているうちに、演劇で世界に輝くチャンスが見えてきた。ならば、それを活かそう、ということでした。その文脈の上に、芸術文化観光専門職大学の誘致や豊岡演劇祭の開催がありました。しかも、豊岡市民プラザでは、演劇やダンスを市民で作り、演じる活動が地道に続けられ、土壌づくりが進んでいました。

　私が初めて「深さをもった演劇のまちづくり」という考えを公にしたのは、二〇一九年二月の市議会での所信表明でのことであり、それを市の正式な計画に位置づけたのは、二〇二〇年二月に策定した第二期地方創生総合戦略でのことでした。ですから、既述の通り、最初から全体の見取り図や計画があったわけではありません。

　もちろん、このまちづくりは、アートのほかの分野を排除するということでも、応援しないということでもありません。例えば音楽の分野では、世界的に活躍する音楽家たちを毎年招いて、学校や街角をクラシック音楽で満たす「子どもたちが豊岡で世界と出会う音楽祭（おんぷの祭典）」も、市民と行政が一体となって運営し、地域にすっかり根付いています。

　豊岡は、「小さな世界都市」の実現を目指すという旗印を掲げています。それは、こちらに向かって流れてくる物事と向き合う際の「構え」のようなものです。絶えず緊張の糸をぴいんと張って、目の前に現れてきたものが本当にチャンスであってその分野で豊岡が世界に突き抜けていく可能性が見えたときに、「小さな世界都市」のためのエンジンに位置づけるということを私たちはやってきたのです。

豊岡と演劇の出会いは、偶然の再会だったかもしれません。しかし、演劇のまちに及ぼす影響とさまざまな社会課題への展開可能性を思うとき、この出会いは、豊岡にとって、そしておそらく演劇にとっても、幸運であったのだと思います。

認知症と演劇的介護

この章の終わりに、番外編として、私が市長退任後に仲間と共に設立した一般社団法人豊岡アートアクションの活動を一つ紹介します。認知症の人と共に生きていく上で演劇的手法を活かす試みについてです。

高齢化に伴って、認知症の増加が顕著な傾向となり、二〇二五年には六五歳以上の人口の約二〇パーセントが認知症を有する状況になると推定されています（「高齢社会白書」平成二九年版）。したがって、地域や家庭の中で認知症の人とそうでない人がどのように向き合い、共に生きていくのかが、社会的にも大きな課題となっています。

認知症は、「何も分からなくなる」「分からないこと自体も分からなくなる」というイメージがありますが、そうではありません。

例えば、脳科学者の恩蔵絢子《おんぞうあやこ》さんは、アルツハイマー型認知症の人々が会話の最中に人の目を見つめるやり方は、「健康な人の目のやり方と変わらない。（中略）人の目線に適切に関心を持ち、敏感でいるからこそ、たとえば自分が犯してしまったミスに対して、人がどんな顔つきをしているかなどを正確に認識してしまうのだ。／（中略）記憶以外は正常だからこそ、いたたまれない、耐えられない」と述べています（恩蔵絢子『脳科学者の母が、認知症になる―記憶を失うと、その人は〝その人〟でなくなるのか？』河出書房新社、二〇一八年、一四八頁）。

また、虎の門病院認知症科部長の井桁之総《いげたゆきふさ》さんは、認知症は究極のコミュニケーション障害であり、「自分が理解されないばかりか、怒られ、ダメ出しされることにショックを受け、どんどん落ち込んでゆく」と述べています（井桁之総『認知症　ありのままを認め、そのこころを知る―虎の門病院認知症科の考え方』論創社、二〇二〇年、一三二、一四二頁）。

コミュニケーションは双方向、キャッチボールです。そのキャッチボールがうまくいかない。

専門家たちは、認知症になるとその苛立《いらだ》ちや居場所のなさから、「攻撃性」や「徘徊《はいかい》」

といった行動心理症状（周辺症状）が現れると指摘しています。そして、「記憶障害」「判断力の低下」など、脳の細胞が傷つくことによる「中核症状」は治らないのに対して、行動心理症状は、人間関係によって緩和できる、とも指摘しています。

だとすると、演劇の出番があるのではないかと思います。

演劇は、他者を演じることを通じて、他者への想像力＝共感力（エンパシー）を育みます。少なくとも、問題はコミュニケーションだという気づきを提供できるはずです。共感力は、ボールを受け止める力であり、コミュニケーションを成立させる力になります。

もし私たちが、問題はコミュニケーションだと気づき、対話を通じて想像力を働かせ、その人が見ている世界をイメージし、共有し、その世界に寄り添っていくことができれば、認知症の人とそうでない人との関係をより良いものにできるはずです。そのベースは、共感とイメージの共有です。

もちろん、共感とイメージの共有は、演劇の専売特許ではありません。看護や介護も、コミュニケーション自体も共感とイメージの共有に支えられています。しかし演劇は、舞台と観客が共感し、イメージを共有するためのスキルを意識して磨き、蓄積してきたはずです。そのスキルが活かせないかということです。

すでに豊岡では、子どもたちには、コミュニケーション能力の向上を目的とした演劇ワークショップのプログラムを実践しています。豊岡なら、演劇的手法を活用して、認知症の人と家族など介護者のためのコミュニケーション・ワークショップのプログラムができるのではないか、と私は考えています。


認知症の人と向き合う場合、より「演劇的」なコミュニケーションが必要になる場合もあります。

例えば認知症の症状の一つである「もの盗《と》られ妄想」では、「ここに置いておいた財布がなくなっている」として周囲の人を問い詰めたりします。医師は、別のところに置いたことを忘れ、いつもそこに置いていた記憶が蘇っていると考えればいいと言います。本人にとっては決して妄想でも嘘でもなく、主観的に正しいことを訴えているにすぎません。

専門家たちは、認知症の人の言葉や世界を否定するな、誤りを正そうとして説教をするな、と言っています。

この例では、「え？ ないの？」と受け入れて、親身になって一緒に探すのがいいと言われています。

積極的に「演技者」になれば良いという専門家もいます。演劇介護論です。介護を「演劇」と捉えるなら、「演技者」としての腕を磨くことができます。仮に認知症の人からきつい言葉が投げ付けられたとしても、それは「演技者」に向けられたもので、悪いのは自分ではないと考えることによって自分を守ることができます。そして次はもっとうまく役柄を演じようという気持ちになることもできます（藤井昌彦・前田有作・金田江里子・佐々木英忠『認知症情動療法』芳林社、二〇一八年、一二九―一四八頁）。

私は、もし家族をはじめ介護者が「演技者」になることがいいのであれば、より良い「演技者」になるためのコツのようなものを身につけるワークショップ・プログラムもできないだろうかと考えています。

こんなふうに、豊岡アートアクションは、「演劇のまち」である豊岡の強みを活かして、認知症の人と家族など介護者のためのコミュニケーション・ワークショップのプログラムを作ろうと計画しています。さまざまな関係者の知恵を集めて、二〇二三年度の完成を目指しています。それは、これからの挑戦です。

演劇的介護の典型例を一つ。

ドイツでは、介護施設の近くにバス停を作る動きが広がっているそうです。病の人が「子どもが家で待っているので帰る」などと言って施設を抜け出してしまうことがしばしばあります。

その人たちにある傾向があることにスタッフが気づきました。公共交通機関を使って帰ろうとする傾向です。かつてのライフスタイルの記憶が蘇ったのかもしれません。スタッフは、施設の近くにバス停の看板とベンチを設置しました。

「家に帰る」と言う人に、「すぐ近くにバス停がありますよ」と誘う。安心してバスを待つ施設利用者。もちろん、バスは来ません。しかしそのうちに、その人はなぜバスに乗ろうとしていたのかを忘れてしまいます。頃合いを見て、スタッフが「中で待ちましょう」と声をかけ、施設に誘います。穏やかに帰っていく施設利用者。

その繰り返し。

「やさしい嘘」、「罪のない嘘」と呼ばれているそうです。バス停は、演劇の大道具と考えることもできます。演劇は「嘘（フィクション）」かもしれませんが、単なる「絵空事」ではありません。

しかし、「嘘」と言ったのでは本当は介護者にとって酷かもしれません。「嘘をついた」人にある種のやましさが残ってしまいます。そうではなくて、異なった者同士の「イメージの共有」であり、「究極の」コミュニケーションと考えるべきなのだ、と私は思います。

第四章　ジェンダーギャップの解消

――「小さな世界都市」のためのエンジン④

恐ろしい現実に直面

二〇一七年の夏、私はある恐ろしいことに気づきました。二〇一五年の国勢調査結果の詳細が出てきたのを受けて作成された、豊岡市の性別・年齢別純移動のグラフと若者回復率の推移を見ていたときのことです。序章で述べた通り若者回復率というのは、一〇代で失った人口を二〇代でどれだけ取り戻しているか、その割合を示した数値です。

二〇一〇年から二〇一五年の間、男女合計では、若者回復率は三九・五パーセントで、五年前の調査に比べ、五・三ポイント上昇していました。問題は、男女の別です。男性は五二・二パーセントと一七・五ポイント上がったのに対し、女性は二六・七パーセントと

図10　豊岡市の若者回復率※の推移

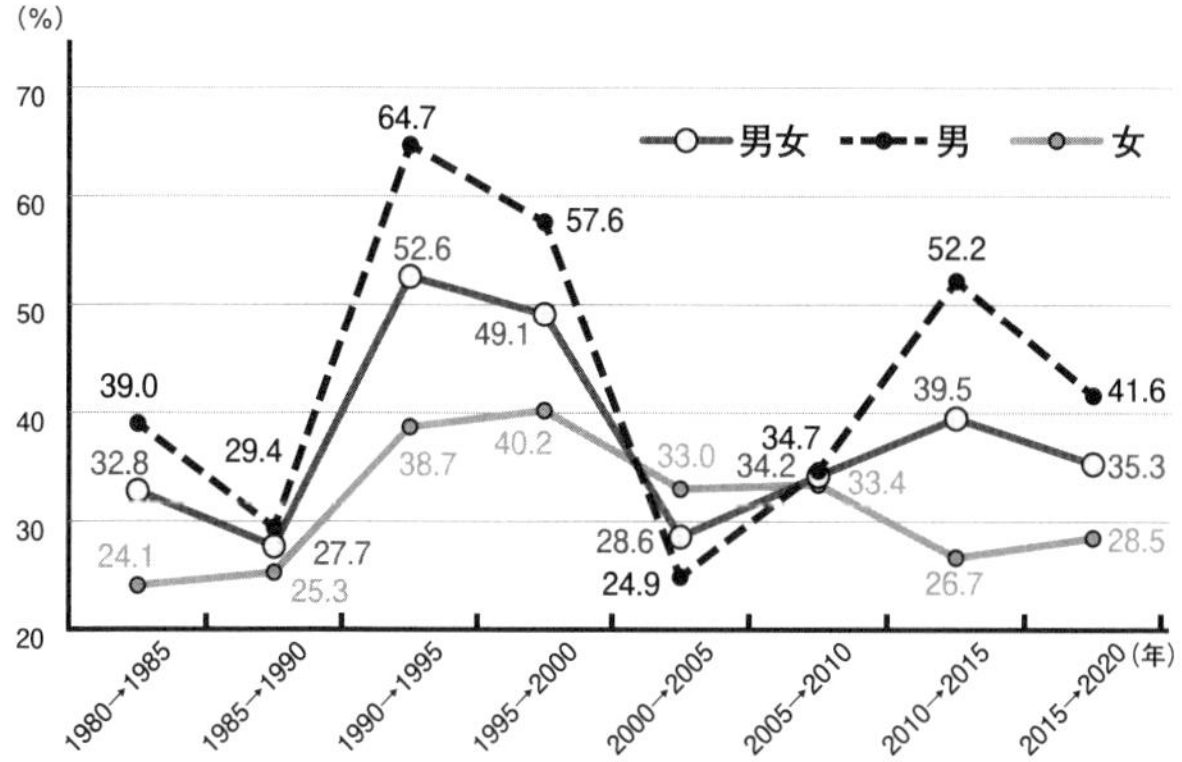

※20代転入超過数の10代転出超過数に対する割合
出典／2020年国勢調査結果による豊岡市の若者回復率の公表

逆に六・七ポイント下がっていました＊（図10）。

女性の若者回復率の低下は、若い夫婦の減少とさらなる少子化をもたらします。

二〇一〇年を起点に、ワニが口を開けたように上下に分かれた若者回復率のグラフを見て、人口減少対策に没頭していた私はゾッとしました。

なぜ豊岡の若者、とりわけ若い女性が減るのか？

私たちが最初に地方創生総合戦略を策定した二〇一五年当時は、二〇一〇年の国勢調査の数字を基に分析し、豊岡の人口減少の最大の要因は若者の社会減にあり、「豊岡で暮らす価値」が若者に選ばれていないことにある、としていました。そして「選ばれない」のは、「経済的魅力に乏しい」ことと「文化的魅力に乏しい」ということが大きな「壁」になっているからだと判断していました。したがって、戦略の基本を、男女の別を意識せず「若者にとって突き抜けた価値・魅力を創造する」にして、施策を組み立てていました。

この二つの「壁」は、男女に共通する「壁」です。しかし、男性に比べて女性の方が圧倒的に帰ってくる割合が小さいとなると、女性にだけ上乗せ的に効いている第三の「壁」があるはずです。

身に覚えがありました。家庭や職場、地域における男女の扱いの差です。私たちは、議論を続けていきました。「身に覚え」は、ジェンダーギャップとして徐々に確信に変わっていきました。ジェンダーギャップというのは、社会的・文化的に築き上げられた男女格差のことを言います。生物としてのオス、メスの違いをはるかに超えて、男女に大きな格差が存在しているという認識です。

ジェンダーギャップ対策をスタート

二〇一八年二月二三日、市議会冒頭の市長総括説明で、私は対応の必要性を訴えました。ジェンダーギャップ対策に取りかかる準備はまだできておらず、新年度に関連予算は何も計上していませんでした。総括説明の原稿を書いているうちに、今言わなければならないと思い立ったのです。必要な予算は、次の六月議会に提出することにしました。

私は、若者回復率の男女の差を述べた後、こう続けました。

若い女性に関する、この危機的状況が何によってもたらされたのか。さまざまな要因があると思いますが、私は、女性たちにまちが大きな期待をしてこなかった、ということに大きな要因があるのではないかと疑っています。もちろん、大都市の吸引力が大きいこともあります。しかし、私たちは、自身で対応可能な要因に目を向けなければなりません。

長男に対して「いつか帰ってこい」と語った大人たちはいるでしょうが、女の子に

＊その五年後の二〇二〇年国勢調査では、若者回復率は男性四一・六パーセント、女性二八・五パーセント、男女合計三五・三パーセントでした。若者回復率が低く、しかもその男女差が大きいという傾向は変わっていません。

同様の言葉をかけた人がどれほどいたでしょうか？
職場において、経営幹部として女性に期待した企業がどれほどあったでしょうか？
市役所でも長い間、女性は補助的な仕事に甘んじてきました。
地域社会において、まちづくりにおいて、女性の役割・出番はたくさんあったでしょうか？

事態は改善されつつあると思います。しかし、長らく続いてきた、いわゆる「男社会」が、有為な女性人材を埋もれさせてきたのではないかと思います。基本構想に定めた「多様性を受け入れ、支え合うリベラルな気風がまちに満ちている」の中には、女性の居場所と出番が満ちていることも含まれています。

その実現に向けて、市役所内での改革も含め、地方創生の重要課題として取り組んでまいります。

その年の六月市議会に、女性にとっても働きがいがあり、働きやすい職場づくりを進めるための「ワークイノベーション戦略」策定費と、「まず隗《かい》より始めよ」に倣って市役所の改革を行うための「キャリアデザインアクションプラン」策定費、慶應義塾大学と連携し、豊岡におけるジェンダー課題を多角的に調査・分析する経費を盛り込んだ予算を提出しました。

まずは、手をつけやすいと考えられる働く場の改革から。地域と家庭における問題はその後に取り組むという二段構えの作戦でした。

根強いジェンダーギャップの存在

私たちは、豊岡のジェンダーギャップの実態について調べていきました。

まず、豊岡市の性別・年代別の平均収入（二〇一七年）を見ると、明らかに男女格差がありました。しかも、年齢が上になるほど格差は広がっていました（図11）。

理由はおそらく二つあります。一つは女性が補助的仕事に従事して「出世」していないこと、もう一つは女性の非正規雇用が多いことです。この実態を見たときに、大学などの卒業後は豊岡に帰って頑張ろうと思う女性がどれほどいるでしょうか。

しかも、子どもたちは、高校卒業時に故郷を離れるまで、家庭や地域社会における男女の役割分担の状況をずっと見て育っています。その心に染み込んだイメージは、成人した

図11　豊岡市の男女別・年代別平均収入（2017年）

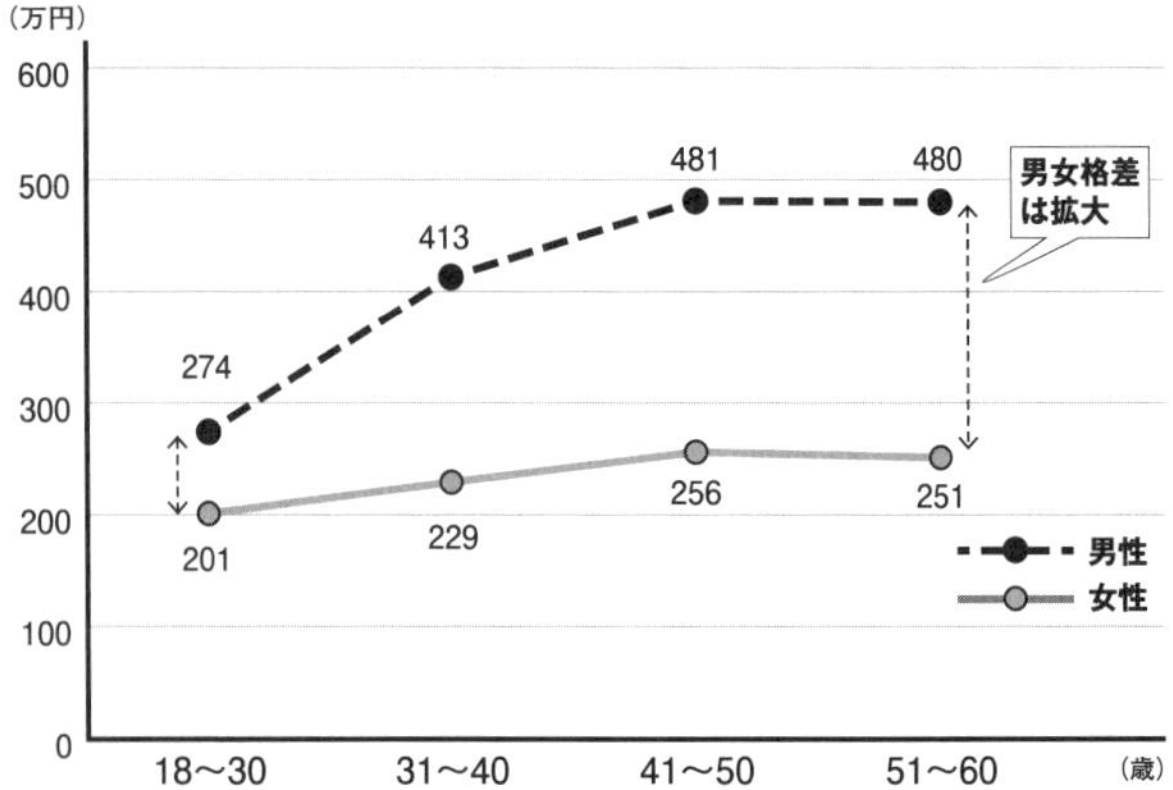

出典／豊岡市資料

女性たちを故郷に惹きつけるでしょうか。自身が苦労してきた母親たちは、娘に帰ってくることを勧めるでしょうか。

　二〇一九年二月に市が発表した「豊岡市における相対的貧困率の算出（二〇一七年収入ベース）」では、ひとり親世帯一九一一世帯のうち、男性世帯主は二二二世帯（一一・六パーセント）であるのに対し、女性世帯主は一六八九世帯（八八・四パーセント）でした。

　ひとり親世帯の相対的貧困率は、男性世帯主では二七・〇パーセントであるのに対し、女性世帯主では六二・六パーセントでした。

なぜ女性世帯主でこんなに相対的貧困率が高いのか。将来の結婚を意識して就職のはじめから非正規だった人がいることに加え、結婚・出産を機に正規の仕事を辞めた人がその後に夫と離婚・死別したとき、子どもと共に非正規の仕事しか残されていなかった、ということは容易に想像できます。

二〇二〇年四月一日時点の豊岡市役所職員の男女別年齢構成を見ると、四〇歳以上の職員では男性の割合が七五・七パーセントであるのに対し、女性は二四・三パーセントです。採用時に男性が優先され、あるいは採用された女性が結婚や出産などを機に退職したからだろうと想像できます。私自身、豊岡病院組合の管理者であったときに、最終面接に残った男女から合格者を選ぶ際、女性の方を選ぼうとして、「採用後に伸びるのは男」と事務方に強く抵抗され、手を焼いたことがあります。四〇歳未満では男女の差は縮まり、二〇二一年四月の採用は、別に意図したわけでなく、男女きれいに半々でした。

市役所のジェンダーギャップ解消のプロジェクトチームの女性職員が、自身とほぼ同じ年齢と経験年数の男性職員とを比較したグラフを作成しました。それを見たときは、突き

図12　職歴と経験業務の比較（豊岡市職員）

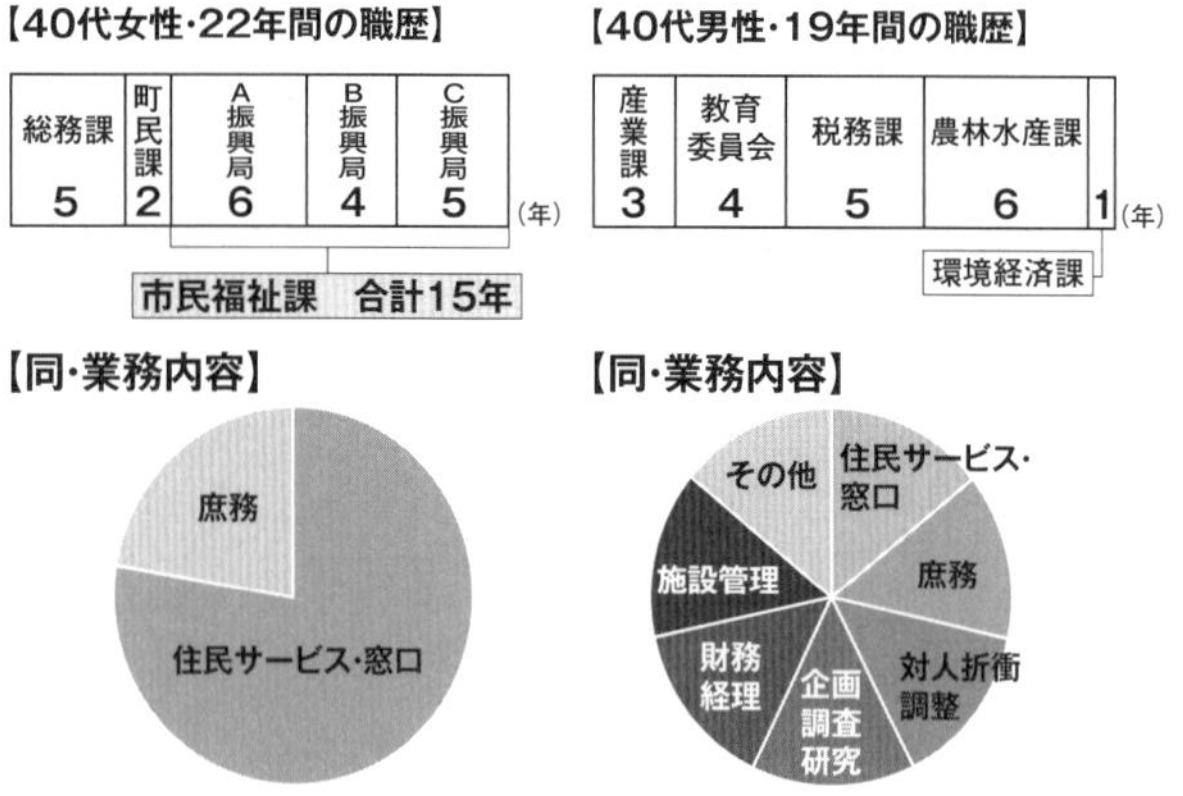

出典／豊岡市ジェンダーギャップ解消戦略

付けられた現実に衝撃を受けました（図12）。男性職員がさまざまな仕事を経験しているのに対し、この女性職員は、住民サービス・窓口と庶務だけでした。

もちろん、住民サービス・窓口も庶務も大切な仕事です。しかし、女性であるということだけで、女性職員をその分野に縛り付けてきたことは間違いありません。

ジェンダーギャップの存在に気づけば気づくほど、豊岡が若い女性に選ばれていないのは当然だという気持ちが強くなっていきました。もちろん国際的に見ると、日本全体もまったく威張れたものではありません。が、それでも大都市では大企業を中心にその是正の努力がなされており、経済的・文化的魅力の差に加えて、ジェンダーギャップ対策においても、大都市と豊岡の差がさらに開いていたのだと思います。

女性たちの反乱

一九七五年一〇月二四日、当時人口約二二万人のアイスランドで、「女性の休暇」と呼ばれる「ストライキ」が起こりました。「ストライキ」は事前に周到に準備され、その日、国中の女性たちが一斉に休暇を取りました。九〇パーセントの大人の女性たちが働くのを止めたのです。主婦は子どもを夫に渡して家を出ました。

保育所、学校、商店、銀行、工場は閉鎖され、新聞も止まりました。男性たちは、子どもを職場に連れていくか、自宅で過ごすしかありませんでした。出勤した男性たちは、職場で興奮する子どもたちをなだめるのに四苦八苦し、調理が簡単なソーセージは売り切れました。

通りは、女性たちで溢れかえりました。当時の写真には、「ただちに平等を！」「平等な賃金を！」等々のプラカードを持って行進する熱狂的な女性たちの姿が写っています。「女性の休暇」と呼ばれるこの日は、男性たちにとって、「長い金曜日」となりました。

その五年後には、アイスランドに女性大統領が誕生しています。世界で初めて女性として民主的に選出された国家元首でした。

「女性の休暇」は、一九八五年、二〇〇五年、二〇一〇年、二〇一六年にも行われ、アイスランドは、世界経済フォーラムが発表しているジェンダーギャップ指数（男女格差指数）で、世界で最も男女格差が小さい国になりました。

対して、豊岡や日本の多くの地方では、アイスランドのように声を上げての行動ではなく、「女性たちの静かな反乱」が深くゆっくりと進行しています。

若い女性たちは、スーッと日本の地方からいなくなっているのです。北欧の小さな国で起こった女性たちの反乱に対比すると、「静かな」反乱です。

文部科学省の「学校基本調査」によると、一九九〇年の大学への進学率は、男性三三・四パーセント、女性はその半分以下の一五・二パーセントでした。ちなみに、高校進学率は、男性九四・〇パーセント、女性九六・二パーセントでした。

ところが、二〇二〇年では、大学進学率は、男性五七・七パーセント、女性五〇・九パーセントと、この三〇年間で特に女性の進学率が伸びています。高校進学率は、男性九八・七パーセント、女性九九・〇パーセントでした。一九九〇年の女性の若者回復率と二〇二〇年の女性の若者回復率とでは、地域に与えるインパクトが大きく異なります。

地元を離れる決断とその後の居住先は地元以外の大学に進学する際にすでになされていて、四年後の大学卒業時には「帰らない」という意思決定をするだけで、確定的に地元を離れることができます。

その現実を、私たちは直視しなければなりません。

なぜ地方に若い女性が戻ってこないのか？

女性が地元に帰ってこない背景に、地方の経済的魅力と文化的魅力が乏しいことに加え、根強いジェンダーギャップの存在があることは、さまざまな調査で示されています。

二〇二〇年一一月二四日に国土交通省が発表した「東京一極集中の是正方策について」には、こんな調査結果が示されています。

地元に残らず東京圏に移住することを選択した背景となった地元の事情について質問したところ、最も多かった回答は、男女とも「希望する職種の仕事が見つからないこと」

「賃金等の待遇が良い仕事が見つからないこと」など、仕事に関することでした。

注目すべきは、男性に比べ女性の回答の多さが目立ったものとして、「日常生活・公共交通機関が不便なこと」「レジャー・娯楽施設が少ないこと」と並んで、「人間関係やコミュニティに閉塞感があること」「地域の文化や風習が肌に合わないこと」が挙げられていたことです。これを踏まえ、報告書は、「地元の閉塞感・男女の役割分担意識への不満」が東京流入の要因の一つであると指摘しています。

二〇二一年八月、LIFULL HOME'S総研は、「地方創生のファクターX　寛容と幸福の地方論」を発行しました。一度道府県外に出た人がUターンで戻ってくるかどうかを分析してみると、雇用や所得、インフラ整備など生活環境の要因だけでは説明できない部分が小さくないことから、東京圏に出てきた地方の若者が地元に戻らない要因を「地方創生のファクターX」として、それを探り当てようとしたものです。

その結論の一部を紹介します。

1「地域の寛容性は、地元に住む人の離脱意向を抑え、東京圏へ出た若者のUターン意向を高める統計的に有意な効果を持つ。特に他県からの移住者の定着には地域の寛容性が大きく影響する」（ここで言う「寛容性」は、「女性の生き方」「家族のあり方」「若者信頼」「少数派の包摂」「個人主義」「変化の受容」の六領域で構成された指標として扱われています）

2「強くて狭い人間関係や、規律や道徳、名誉や面子《メンツ》を過大に重んじる気質は地域社会の寛容性を下げ、人口の社会減を加速させる」

3「文化水準の満足度は寛容性の高さと非常に密接に関係しており、文化芸術の経験が地域社会の寛容性を高める効果を持つ」

また、さまざまな調査検討を踏まえ、二〇二二年六月に政府が決定した「女性活躍・男女共同参画の重点方針２０２２（女性版骨太の方針２０２２）」は、地域におけるジェンダーギャップの解消の必要性を指摘し、こう書いています。

近年、若い女性が地方から大都市へと出て行く傾向が強まっており、少子化・人口減少が加速する要因の一つとなっている。その背景には、根強い固定的な性別役割分担意識があると考えられ、特に経済的に自立したい女性にとっては、地元で生活するという選択肢が選びづらくなっている。

豊岡の実態に即して言うと、結局、こういうことではないかと思います。「女・子ども・よそ者は黙っていろ」と言うようなところに、女性や若者は帰ってこないし、入ってこない。

もし、若い女性が自分の暮らすまちを選ぶマーケットがあるとするると、豊岡は（日本の地方は）、若い女性にとっくに売れなくなっている「男社会」という商品を店頭に並べ、「なんだか最近売れないなあ」とぼやいている商店主のようなものです。女性が住みたいと思うまちを創らない限り、まちは衰退します。まともな経営者なら、買わない側にではなく、商品の側に何か問題があると考えるはずです。もちろん、世界の中で日本を見た場合にも同様のことが言えます。

豊岡は、世界に飛び立つためのエンジンとして、コウノトリ野生復帰、インバウンドの促進、深さをもった演劇のまちづくりを進めてきました。同様に、日本中の地方も、まちの魅力を高めるために必死に努力を重ねています。その傍らで、ジェンダーギャップがエンジンを逆噴射させているのです。

日本中の自治体も国も、地方創生を本気で成し遂げたいのであれば、ジェンダーギャップの解消を地方創生総合戦略の標準装備として組み込むべきだと私は思います。

ジェンダーギャップの問題点

ジェンダーギャップについて議論と検討を重ねていった結果、最終的に私たちは、ジェンダーギャップの問題点を次の四つに集約しました。

1　地方の若い女性の減少をもたらし、人口減少を加速する。
2　社会的損失をもたらす。
3　経済的損失をもたらす。
4　フェアネス（公正さ）が欠如している。

以下にそれぞれについて説明します。

1　若い女性の減少と人口減少の加速について

図13　東京都の0～14歳の年少人口の推移

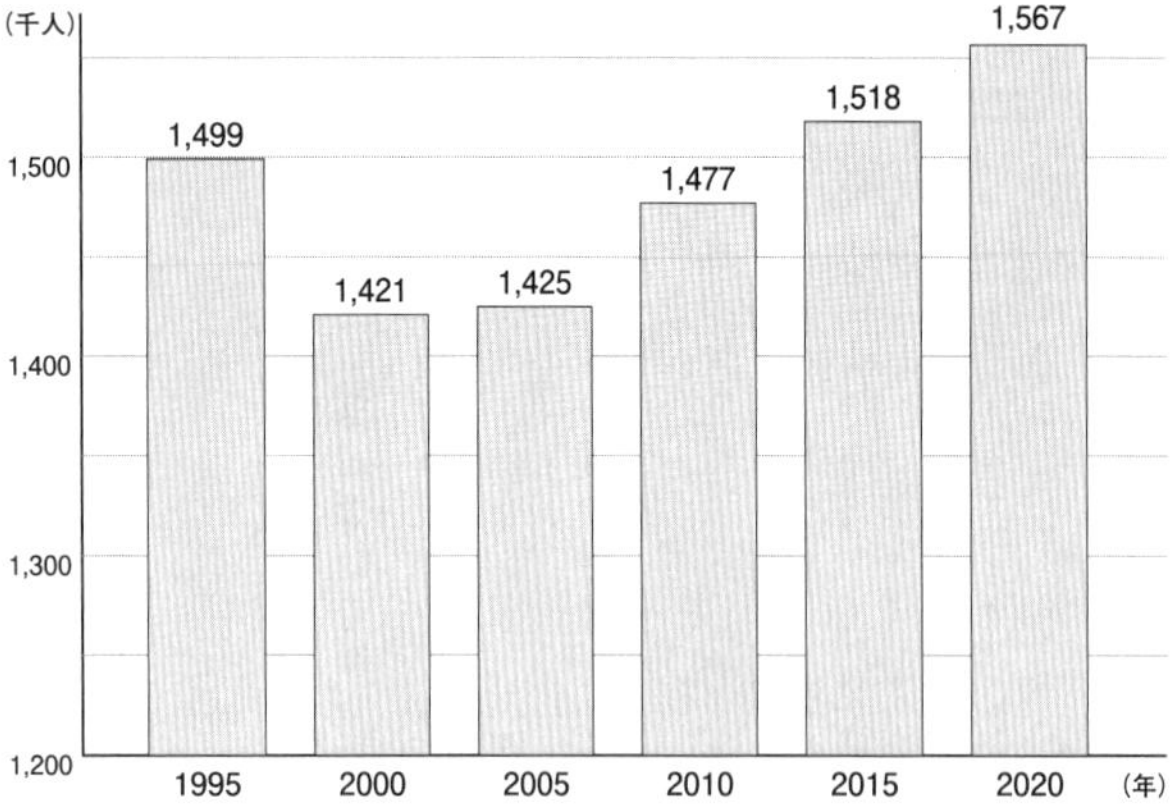

出典／国立社会保障・人口問題研究所「人口統計資料集2022」

地方における若い女性の減少がどういう意味を持つのか、興味深い指摘があります。

東京都の二〇二〇年の合計特殊出生率は、一・一二で全国最低です。さぞかし東京都の子どもの数は減っているだろうと想像します。ところが、増えているのです（図13）。

都道府県別数値を五年刻みで見ると、東京都の〇～一四歳の年少人口は、二〇〇〇年以降二〇二〇年まで増加を続けています（国立社会保障・人口問題研究所「人口統計資料集2022年版」）。二〇二〇年対二〇〇〇年比で増加しているのは、東京都だけです。

逆に、同時期、東京都以外のすべての道府県の〇～一四歳の子どもは、減少しています（図14）。ほとんど一貫して右肩下がりです。

なぜ東京都は出生率が全国ワーストワンでありながら子どもの数が増え、東京都以外の道府県で減るのか。

この事態を、ニッセイ基礎研究所の天野馨南子《かなこ》さんは、「エリアで生まれる子どもの数＝エリアの母親候補の数×出生率」という数式で説明できると指摘しています。

出生率が全国最低でも、エリアの母親候補（一五〜四九歳の女性）の数が有意に増えれば、出生数は増えます。逆に、地方が努力して、仮に出生率の値が多少上がったとしても、母親の候補の数が有意に小さくな

図14　都道府県における2000年から2020年の20年間の子ども（0〜14歳）人口の変化

順位	都道府県	20年増減率 2020/2000（%）
	全国	81.0
1	東京	110.3
2	沖縄	92.0
3	神奈川	91.7
4	愛知	90.1
5	福岡	89.1
6	千葉	87.1
7	滋賀	86.8
8	埼玉	83.7
9	広島	82.5
10	大阪	82.3
11	京都	81.2
12	兵庫	79.5
13	熊本	78.9
	……	
46	青森	57.8
47	秋田	57.1

出典／国立社会保障･人口問題研究所「人口統計資料集2022」

図15　東京都における人口の男女別流出入人口差の推移（1986～2018年）

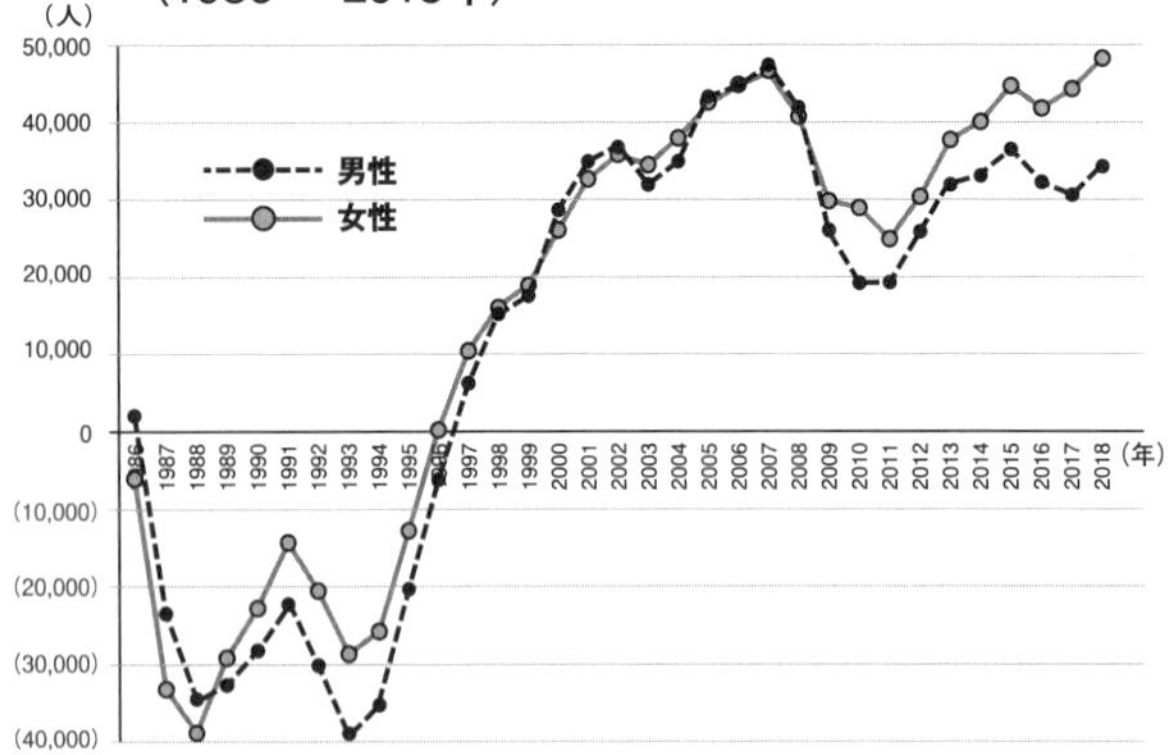

※プラスが純増、マイナスが純減
出典／「東京都住民基本台帳人口移動報告平成30年」より天野馨南子氏作成

れば少子化は進んでいきます（ニッセイ基礎研究所・基礎研レポート「データで見る『エリア出生率比較』政策の落とし穴」二〇一九年四月二二日）。

東京都は、地方から人を引き寄せています。東京都は、一九九七年に転入超過に転じ、二〇〇九年からは明らかに男性より女性の転入超過の方が多い、という状況が続いています（図15）。

しかも、若い人たち、とりわけ若い女性を引き寄せています。

例えば、コロナ禍の二〇二〇年の東京都への転入超過数は、総数で三万一一二五人であったのに対し、二〇～二四歳では、合計五万三三九人、うち男性二万二九二一人、女性二万七四一八人と、若い人たち、特に若い女性の転入超過が顕著でした。二〇～二九歳では、合計六万二六三〇人、うち男性二万九六五〇人、女性三万二九八〇人の転入超過でした（総務省「住民基本台帳人口移動報告２０２０」）。

東京都の子どもの増加を支えているのは、全国から流入してきた、地方で生まれ育った女性たちだというのが天野さんの指摘です（同前）。

出生率が日本最低のところに母親候補の女性たちが集まるわけですから、そのことによって日本全体の子どもの数の減少が加速している、とも言えます。

天野さんの分析は都道府県単位ですが、市町村単位でも同様のことが言えるのではないかと思います。

日本中の市町村が、出生率を上げて出生数を増やそうと子育て支援策の充実を図ってきました。しかし、若い女性たちが地方から抜け出すことによって夫婦の数が減り、出生数を増やすという意味での少子化対策には失敗してきた、というのが実態だろうと思います。*

もちろん、子育て支援は重要な政策です。それは、未来への投資であり、女性の社会参加を促す意味で重要な政策であることは間違いありません。大切でやりがいがある一方、大変な仕事でもある子育てを、いわば「隣人」として「命への共感」に基づいて応援する、という意味もあると思います。少なくなってしまった子どもをせめて大切に育てるという意味でも「少子化対策」と言えるかもしれません。

しかし、大学などの卒業を前にしてこれから社会に出ていこうとする独身の女性たちが、子育て支援の充実に反応して就職する場所を選ぶとは思えません（参照／天野馨南子「データで読み解く『少子化が進行する本当の理由』」「経営センサー」二〇二〇年七・八月号、東レ経営研究所）。結婚も出産も、まだ先の話です。政策目的と政策手段の組合せを、地方は明確に意識する必要があります。

もちろん、日本全体の出生率が上がると日本全体の出生数は増えます。したがって、政府が少子化対策の観点から日本全体で子育て支援を充実すべきことは、言うまでもありません。加えて、妻一人が子育てを担うワンオペ育児のしんどさに目を向けると、経済的支援のみならず、ジェンダーギャップの解消もまた少子化対策として不可欠であると言えます。

2　社会的損失について

コミュニティやまちづくりの会議、行政の審議会や各種委員会など、社会的意思決定の場においても、男性ばかりという光景は見飽きるほどです。

人材登用の母集団から排除された、人口の半分を占める女性たちの中に、優れたアイデア、情熱、行動力、ユーモアで場を和らげ膠着《こうちゃく》した議論を活性化させる能力を持つなど、多様で多彩な人材がいたはずです。その可能性を端から捨てるということは、社会的損失と言わざるを得ません。母集団が大きければ、公正に選べば結果的に男女比が半々になるはずですが、ジェンダーギャップという構造がそれを阻み、社会的損失をもたらしていると言えます。

＊個々の市町村が保育料や医療費の無償化などの経済的子育て支援で競い合って他地域からの夫婦の移住を増やし、子どもの数を増やすことは可能かもしれません。しかし、移住はそれ自体にさまざまな「コスト」がかかり、考慮すべき事項は多岐にわたります。したがって、近くに大都市があって、都市機能や仕事は引き続き大都市に依存しながら子育て世帯の移住を促す、という明確な戦略を取りうるところでないと、子育てに関する価格競争だけでは成功は難しいのではないかと私は考えています。

3　経済的損失について

少子化の中で労働力は基本的に不足傾向にあります。法的にのみならず、実質的にも、人材確保にあたって男女の選り好みができるような状況ではありません。女性の中にも当然、優れた人材はいます。女性であるというだけで排除するとすれば、優れた人材を得る機会を自ら逃すようなものです。またせっかく採用した人が女性だからといってスキルを磨くチャンスを与えず、スキルを発揮するチャンスを与えないとすると、人材の浪費以外の何ものでもありません。個々の企業にとっても、社会全体にとっても、多大な経済的損失です。

4　フェアネス（公正さ）の欠如について

これが実は、最も根源的な問題です。

豊岡市役所で初めて女性で部長になった職員（部長級としては三人目）が、定年退職間際の二〇一八年三月、私にこんなことを言いました。

「（合併前の旧町で）女性が課長補佐になることなど夢のまた夢だと思っていました。後輩の女性職員を応援しようにも、採用されるのは男性ばかりで、女性の採用はあまりありませんでした。幸い、自分は部長になることができましたが、多くの女性職員は、これまでさまざまなものを断念してきました」

この言葉は、そのときはなんとなく聞き流したのですが、後になって私の中に大きく響いてくることになります。

豊岡市は、二〇一八年度末に事業所におけるジェンダーギャップ解消戦略である「ワークイノベーション戦略」を策定することにしていました。議論を重ね、戦略策定の理由を、人口減少の加速、社会的損失、経済的損失の三つにまとめていました。しかし、二〇一九年の一月末、いよいよ戦略を決定する日の前夜になって、急に私の中に違和感が芽生えてきました。

彼女の言葉が浮かんできました。

「多くの女性職員は、これまでさまざまなものを断念してきました」

日頃、職員に向かって「皆は大切な仲間だ」と言っておきながら、女性職員に「さまざまなものを断念」せざるを得ないような思いをさせてきたのかという自責の念にとらわれ始めたのです。

もちろん例外はあるでしょうが、男性職員は、結婚しても家事・育児・介護を配偶者に任せっきりにして、職場では女性を補助的役割に追いやる文化に寄りかかり、思う存分残業し、仲間と酒を飲み、さまざまな仕事を経験してスキルを磨き、「出世」の階段を上がっていきました。返す刀で、「女は伸びない。仕事はやっぱり男だ」とうそぶいて、女性には補助的な役割しか与えてきませんでした。そして断念をさせてきた。これは、フェアプレイをしてきたとはとても言えません。

私は、職員採用に際して男女の別を意識して男性を選ぶという決定をしたことは一切ありませんでした。しかし、図12の男女の職歴比較からも分かる通り、女性というだけで庶務と窓口そして補助的仕事にしか従事させないという組織文化に本気で手をつけることをしてきませんでした。市政のトップとして申し訳なかったという思いがにわかに湧いてきました。

戦略案に「フェアネス（公正さ）」の視点が抜け落ちていることに気づいたのです。すぐさま担当職員に電話をし、戦略に「フェアネス（公正さ）の欠如」という要素を盛り込むように伝えました。

担当職員は、「もちろん理屈はその通りです。しかし、これまで一緒に戦略案策定作業を進めてきた企業経営者の皆さんが『フェアネス（公正さ）の欠如』という視点を受け入れるかどうか、少し気になります」という反応でした。

しばらくして報告がありました。

「市長、心配することはありませんでした。分かっていただけました。むしろ、フェアネスが一番腑に落ちた感じでした」

実際、戦略策定を市と協同して進めていた「ワークイノベーション推進会議」会長の岡本慎二さん（東豊精工社長・豊岡商工会議所会頭）は、今や、企業におけるジェンダーギャップ解消の取組みの旗振り役となっています。

二〇一八年一〇月二三日、ワークイノベーション戦略の策定途上に、市役所も含め一六の事業所が参加して、民間主導で「ワークイノベーション推進会議」が設立されました。女性が働きたいと思える仕事・職場への変革を経営問題として捉え、課題や取組み、成果の共有、さらなる改善策の検討を通じて、人手不足の解消や多様な人材の活躍による生産性の向上を図り、企業価値を高める、というのがその目的です。

この取組みへの企業の関心は高まりつつあります。二〇二三年三月末現在、「ワークイノベーション推進会議」の参加事業所数は八九に達しています。

この順番でいいのか?

ジェンダーギャップの何が問題なのか。その問いへの答えが、①人口減少の加速、②社会的損失、③経済的損失、④フェアネス（公正さ）の欠如という順番であることには反発もあります。ジェンダーギャップは人権の問題であり、①から③の「損得」のような話は二の次だ、という指摘です。

まったくその通りだと私も思います。ジェンダーギャップの問題は、どこまで行っても、その本質は、人権の問題です。

しかし、体に染み込んで意識すらされなくなった価値観を変えようとするときに、その価値観が実際にどのような不都合をもたらしているかを直視することから入るのは、有効なやり方です。いきなり「あなたは不公正だ」と言われると、仮に頭では理解できても、腹が立つこともあります。

価値観が対立する者同士が、それでも議論を続け、対話をしながら協同して結論を創り上げるためには、「共通の利害」という同じ土俵を見つけ出すことは常套《じょうとう》手段です。どんなに「男社会」に染まった経営者でも、会社の損得の話や地域の損得の話には、ひとまずは乗れるはずです。「男社会」に染まった政治家でも、地方創生に関心がある限りは、女性の若者回復率の話に無関心ではいられないはずです。

私たちは、豊岡におけるジェンダーギャップ解消の実践にあたって、女性たちに不人気であることを承知で、あえてこの順番にこだわることにしました。

結局、ジェンダーギャップを問題にするとき、大きく二つの視点があります。

一つは、「ジェンダーギャップという社会構造は、社会に極めて大きな弊害を現にもたらしているので、その構造を変えよう」という視点です。この場合、理念や意識は後から付いてきます。

もう一つは、「ジェンダーギャップという社会構造は、極めて不公正で、不平等なので、その構造を変えよう」という視点です。この視点が「単なる理念」の問題に止まるのかどうかは、不公正・不平等な扱いをされている側に共感を持つことができるかどうかにかかっています。「あなたがそんな扱いをされたらどう思いますか？」という問いを真正面から受け止めるかどうかです。

私たちは、物事を変えようとするとき、事実の積み重ねと理念との間の往復運動をしなければならないのだと思います。

ジェンダーギャップ解消戦略

二〇二一年三月、豊岡市は、先行していた職場におけるジェンダーギャップ解消も包含した「ジェンダーギャップ解消戦略」を策定しました。

その冒頭部分で、私は自分自身の思いも込めて、次のように書き記しました。

私たちのまちが、女性に対し、女性であるということだけで様々なものの断念を迫ってきたのだとすると、それは、公正さ（フェアネス）と「いのちへの共感」に欠ける状態と言わざるをえません。（中略）

「共感」とは、他者への想像力のことを言います。「いのちへの共感」は、他のいのちへの想像力であり、相手の立場に立ったとき、世界がどのように見えているかに思いを寄せる能力のことを言います。

女性の立場に立ったとき、世界は不公平な壁だらけに見えているかもしれません。

ジェンダーギャップの解消は、女性も男性と同様、社会的・経済的な夢を持ち、悔いのない人生を送りたいと願う生身の人間であるという前提に立って、互いに尊重し、支え合う社会を築き上げようとする、未来に向けた取組みです。

ジェンダーギャップ解消の取組みは、過去と現在の否定に主眼を置いているわけではありません。過去を変えることは不可能です。「コウノトリ育む農法」のところでも書きましたが、問題は、未来です。未来には、子どもたちが暮らしています。私たちが女の子の親や祖父母であったとして、その子にどのような人生を送ってほしいと思うでしょうか。私は、女性だからということだけでその子がさまざまな夢を断念させられるような世界に生きてほしくはありません。男性中心の「白黒画面」の世界ではなく、多彩でより豊かな世界で生きていってほしい、と私は思います。

ただ、「そうは言っても、男と女はやはり違うのではないか」と言いたくなる人も多いのではないかと思います。ある神経科学者による最新の科学的知見を紹介しておきます。

現在までに、科学者たちはすでに脳に数百もの性差を発見している。女性と男性は

脳全体の大きさと各領域の大きさが違う。（中略）

だが、これらの違いはすべて平均値の差であることに注意してほしい。（中略）平均すればわずかな性差があるが、男女間で大部分は重複しているのである。

（ダフナ・ジョエル＆ルバ・ヴィハンスキ著、鍛原多惠子訳『ジェンダーと脳―性別を超える脳の多様性』紀伊國屋書店、二〇二一年、二三一―二四頁）

どんなことをやってきたか

以下に、これまでに市で行ったジェンダーギャップ解消の取組みをまとめます（図16）。これらは、上智大学名誉教授の目黒依子さん、関西学院大学客員教授の大崎麻子さん、立教大学名誉教授の萩原なつ子さんなど、多くの専門家の方々の支援を得て行われました。また、女性の雇用創出・人材育成については、コンサルティング会社 Will Lab の小安美和さんのアドバイスを受けながら、市の担当者たちが次々と施策を考え、提案し、打ち出していきました。

図16　豊岡市のジェンダーギャップ解消の主な取組み

年度	取組み内容
2018	慶應義塾大学とのジェンダー課題に関する共同調査研究 ワークイノベーション推進会議設立 女性が働きたい会社づくりワークショップ（経営者等） 20代女性ワークショップ 子育て中の女性ワークショップ ワークイノベーション戦略策定 豊岡市役所キャリアデザインアクションプラン策定
2019	ワークイノベーション推進室設置 多様でリベラルなまちを創るシンポジウム ジェンダー平等推進アドバイザー設置 高校生ワークショップ 20代ワークショップ 厚生労働省兵庫労働局・豊岡市ワークイノベーション推進会議・豊岡市の三者による「豊岡市女性の就労に関する協定」の締結 経営者・人事担当者・管理職・女性従業員ワークショップ 「働きやすさと働きがい」に関する従業員意識調査（以後毎年実施） 市職員意識調査 子育て中の女性ワークショップ 子育て・お仕事大相談会
2020	地方創生総合戦略に「女性に選ばれるまち（ジェンダーギャップの解消）」を追加 ジェンダーギャップ解消戦略策定 管理職向け連続講座 女性のためのキャリア支援プログラム 事業所従業員意識調査 ワークイノベーション表彰制度（あんしんカンパニー）創設 子育て中のシングルマザーを対象に正社員化や年収アップを推進 シングルマザー向けのパソコン基礎スキル習得支援セミナー
2021	ジェンダーギャップ対策室設置 暮らしの中の性別役割分担の実態と意識調査 地域コミュニティ組織・女性・市職員を対象とした戦略説明会・ワークショップ 地域啓発推進アドバイザー設置 日本政策金融公庫と地方創生に係る融資制度「地域活性化・雇用促進資金」を活用した連携を開始 子育て中の女性を対象にしたデジタルマーケティング人材の育成 経営者・管理職ワークショップ 女性のためのキャリア支援プログラム 幼稚園・保育園・認定こども園の教諭・保育士研修会
2022	校園長研修会 中学校生徒会リーダー研修会 豊岡みらいチャレンジ塾 2022 豊岡市区長連合会研修会（359行政区の区長・役員等）

メディアへの露出

二〇一九年一〇月二八日、東京でエッセイストの小島慶子さんと市主催の対談をしました。ジェンダー問題に関心を持つ女性ジャーナリスト、メディア関係者・研究者一〇人も同席していました。上述の小安美和さんのアイデアとセッティングによるものでした。

その後、「森喜朗発言」や、市の担当者の売り込みが功を奏したのか、豊岡の取組みは続々とメディアに取り上げられることになりました。それは、「のろし」のようなものでした。

主な紹介例を以下にまとめておきます（図17）。

二〇二一年一二月一日には、新語・流行語大賞トップ一〇に「ジェンダー平等」が入りました。豊岡に注目が集まったことと併せて考えると、「ジェンダー問題」に大きな関心が寄せられた年になったのだと思います。

図17　豊岡市の取組みのメディアへの露出

日付	内　容
2020/7/18	「Yahoo!ニュース」が、ジャーナリスト・治部れんげ氏の「人口8万人の市長が『ジェンダーギャップ』に目覚めた理由～兵庫県豊岡市の持続可能なまちづくり」を配信。この記事は、治部氏の著書『「男女格差後進国」の衝撃―無意識のジェンダー・バイアスを克服する』に収録されている。
2021/1/6	「朝日新聞」朝刊2面に、豊岡の取組みが大きく取り上げられた。電子版の見出しは「『女性は戻らない』データに衝撃―反省を語る市長の挑戦」（1月7日配信）。
2021/3/2	昭和女子大学特命教授の稲沢裕子氏が、「読売新聞」インターネットサイト「大手小町」で豊岡の取組みを紹介。稲沢氏は、森喜朗氏の発言で話題になった「女性理事」で、豊岡まで足を運び取材を行った。
2021/4/5	市長（著者）が日本記者クラブに招かれ、豊岡のジェンダーギャップ解消の取組みについて記者会見。その様子がオンラインにて全国のメディア関係者に配信された。
2021/4/11	「日本経済新聞」の社説にて豊岡のジェンダーギャップ解消戦略が紹介された。
2021/5/1	TBS「報道特集」の「ジェンダーギャップ解消を目指して」にて豊岡の取組みが放送された。
2021/6/10	NHK「クローズアップ現代」が、豊岡市を5か月密着取材した「ドキュメント“ジェンダーギャップ解消”のまち　理想と現実」を放送。このときの取材を基にした内容が「ワールドニュース」及び「NHKニュースおはよう日本」でも放送された。
2021/8/15	「日本経済新聞」が、「男女差鮮明な人口移動　『女性流出ストップ』地方動く」と題してオンライン版で再び豊岡の認識と取組みを紹介。
2021/10/29	「Yahoo!ニュース」が、ジャーナリスト・白河桃子氏の「ジェンダー格差の解消が最高の少子化対策」と題した記事を配信。その中で豊岡の取組みが紹介された。
2021/11/8	関西学院大学客員教授の大崎麻子氏が、NHK「視点・論点」にて、「ジェンダー平等をどう実現するか」というタイトルで豊岡の取組みを紹介。
2021/11/15	「NHKニュースおはよう日本」が、ジェンダーギャップに関して、男性の生きづらさをテーマに豊岡を紹介。
2021/11/27	関西テレビが2021年1月から10か月間にわたり豊岡市を長期密着取材。「ザ・ドキュメント　女性がすーっと消えるまち」と題して放送された。

現れてきた変化

ジェンダーギャップ解消の取組みによって、豊岡に少しずつ変化が現れてきました。職場の変革を目指す「ワークイノベーション推進会議」の参加事業所は、二〇一八年一〇月の設立当初一六事業所でしたが、前述の通り、二〇二三年三月末現在、八九事業所に増えています。

木製ハンガー専門メーカー・中田工芸では、男性社長が自ら一か月の育児休業を取り、子どもが誕生した社員には年間一〇日間の「ペアレント休暇」を付与する制度を創りました。「ペアレント休暇」は、その後、小学校入学の四月二〇日まで年間五日、子どもの誕生から六歳までの間で計三〇日に拡充されています。また、新たに設けた「海外戦略室」は所属する社員五人中四人が女性で、女性社員も海外出張をするようになりました。

豊岡を代表する鞄メーカーの一つである由利では、男女に関係なく成果が評価されるよう人事評価制度を作り直し、初めての女性管理職が誕生しました。また、発注者に要請して発注時期の平準化を図るなどして残業を徹底して減らし、ワークライフバランスの実現に努めています。

市役所の男性職員の育児休業取得状況は、二〇一九年度七人、二〇二〇年度一四人、二〇二一年度一二人でした。取得率は、いずれの年度も五〇パーセント程度でしたが、平均取得日数は、一五・四日、二七・四日、二七・九日と増えています。

市が若者や女性の起業を促すことを目的に設置した相談窓口「IPPO TOYOOKA」が関わり創業した件数は、二〇二一年度、男性四人、女性四人と同数でした。

二〇二〇年度に市が創設したワークイノベーション表彰制度「あんしんカンパニー」では、全従業員のうち、男女それぞれ三分の二以上の従業員が働きやすい職場だと評価していることなど、厳しい条件をクリアした企業を表彰しています。二〇二〇年度、ただ一社表彰された旅館などを経営するユラクの伊藤清範社長の言葉です。

「お客様を喜ばせるのは社員の仕事、社員が働く環境を整えるのは会社（社長）の仕事」

ジェンダー問題への対応は、企業の経営戦略の問題として認識されつつあります。

竹野地域のコミュニティ組織では、女性の役員を増やす動きが活発になりつつあります。城崎地域のコミュニティ組織では、盛んにジェンダーギャップ解消に関する勉強会が開かれるようになりました。

人々の意識は変わりつつあります。この動きは、もう元には戻らないだろうと思います。第一章で記した河合隼雄さんの言う「低温発酵熱」のように、じわじわと着実に前に動き始めています。

こんなこともありました。

二〇二〇年の秋、先述のＫＩＡＣの田口館長が、市長室にやってきて、次のようなことを述べました。

――市の芸術文化政策と活動を引っ張る主要ポストは、すべて男性で占められている。男性ばかりで気持ち悪いと感じるようになった。市はジェンダーギャップ解消を進めている。自分は辞めるので、館長は女性から選ぶべきだ。適任者はいるはずだ。

田口君には退任しても豊岡に留まることをお願いして提言を受け入れ、後任の推薦を平田オリザさんに依頼しました。すると、平田さんから、「自分も芸術文化観光専門職大学の学長に就任するので、三月末をもってＫＩＡＣ芸術監督を退きたい」との申し出がありました。

そこで、平田さんの後任についても推薦を依頼しました。

しばらくして、平田さんから、館長には志賀玲子さんが、芸術監督には市原佐都子さんがふさわしいとの推薦がありました。ＫＩＡＣの現場とも協議した結果、適任と判断し、二人からは快諾を得ました。

二〇二一年四月、ＫＩＡＣの新体制がスタートしました。

新館長の志賀玲子さんは、コンテンポラリーダンスを中心とする舞台芸術企画制作者として活躍してきた人です。二〇〇七年からＡＬＳ（筋萎縮性側索硬化症）を発症した友人の在宅独居生活「ＡＬＳ－Ｄプロジェクト」をコーディネートし、介護にもあたっています。

新芸術監督の市原佐都子さんは、劇作家・演出家・小説家です。二〇一九年にＫＩＡＣで滞在制作した「バッコスの信女―ホルスタインの雌」で、二〇二〇年、岸田國《くに》士《お》戯曲賞を受賞しています。

豊岡演劇祭２０２０で私もその作品を見ました。そこで表現されたジェンダーの視点は、体の中にこれでもかと異物を押し込まれるような重苦しいものでした。田口君も、市原さんのこの作品を見たことが、女性への交代を決意する上で最後の一押しだったと述べています。

記者発表時の説明には、相当神経を使いました。結局、「女性だから選んだのではなく、女性から選んだ。もちろん、ふさわしい人材がいた」という事実の通りに説明しました。記者からは、その点について特に反応はありませんでした。

ジェンダーギャップの問題を議論していると、稀にですが、「女人禁制の山があることをどう思うか」といった類いの質問を受けることがあります。伝統文化は守らなければならない、という反論の気持ちが込められています。

私はそういったことには、何の関心もありません。豊岡のジェンダーギャップ解消の主戦場はそこにはないからです。論理の徹底や思想としての一貫性という点では意味があるのかもしれません。議論としては分かります。しかし、多くの女性たちは、日々暮らす職場や家庭、地域などでのジェンダーギャップに苦しんできました。その事実の重みを前に、私たちはどうすべきなのか。目の前にある日常は、是認できるものなのかどうか。それを問題にしているからです。深山幽谷のような件は、後でゆっくり時間をかけて解決していけばいい問題だと思っています。

二〇二一年四月末で市長を退任し、自宅で妻と共に過ごす時間が長くなって、改めて気づいたことがあります。家事分担の圧倒的な差＝不平等に加えて、生活自立スキルの妻との圧倒的な差です。

人生一〇〇年時代に入ってきました。結婚しない男性・できない男性はもちろんいます。それどころか、結婚したくてもできない男性は今後さらに増えていくことが予想されます。結婚しても妻と別居・離婚・死別したり、妻が要介護になったりすることもあります。とすると、家事・育児・介護のスキルは、男性にとっても、長期にわたって不可欠なスキルと言えます。

ジェンダーギャップは、女性の経済的自立を著しく阻害してきました。フルタイム・正社員・同一企業の場合、例えば大卒の女性の平均生涯賃金（退職金を含めない）は、二億四六六〇万円です（労働政策研究・研修機構「ユースフル労働統計2019」）。どのような働き方をするかは人それぞれの判断ですが、結婚などを機に仕事を辞めるということは、そのチャンスを失う、ということでもあります。

ジェンダーギャップはしかし、男性の自立をも阻害してきました。これまで「男社会」において、多くの男性は、生活自立のスキルを持たず、生活自立をせず、家事・育児・介護を女性に肩代わりしてもらってきました。「下駄を履かせてもらってきた」のは、実は男性たちの方でした。

ルールを公正なものに変えなければなりません。

希望もあります。学校の家庭科の授業です。日本では、一九九三年に中学校で、一九九四年に高等学校で、家庭科が男女共修になりました。男子生徒も女子生徒も一緒に家庭科を学ぶようになりました。

中学校の家庭科のある教科書を見て驚きました。そこには、「自立と共生は表裏一体」と書かれていました。見事な認識というほかありません。家庭科での実践が、自立と共生の意義を着実に育んでいくだろうと思います。

ここで私は、ジェンダーギャップ解消に取り組むべき第五の視点として、「自立と共生」を挙げたいと思います。

「私は、子どもたちに『お手伝いをしろ』と言ったことはない。子どもたちの自立を助けるために、子どもたちに料理を教えてきた」

妻にそう言われて、降参しました。

コウノトリのカップルは、オス、メス、平等に巣作りをし、子育てをします。その働きが悪いオスは、メスに巣の中に入れてもらえないこともあります。日本における人間のカップルも、いずれそれが普通になるだろうと思います。若い人たちを見ていると、そうでないホモ・サピエンスのオスは、そもそもパートナーとして選ばれない事態にすでになりつつあるのかもしれません。その価値観の変化に、社会も組織もまだ追いついていません。

この章の最後に、「小さな世界都市」の文脈で言うと、ジェンダーギャップの問題を置き去りにしているようなまちが——国も同様ですが——世界で輝くはずがない、ということを指摘しておきたいと思います。

終章　これからのこと――子どもたちへ

新たなスタート

二〇二一年四月、私は、約二〇年間務めた市長の職を退きました。

この人生の転機をどう捉え、これからどう生きていくのか。

私が選んだのは、引き続きまちづくりに関わる、ということでした。特に、自分が言い出してなお途上にあり、かつ、なお逆風が吹いている「深さをもった演劇のまちづくり」と「ジェンダーギャップの解消」を市民レベルで進めることにしました。この二つのことに背を向けるわけにはいかないという、責任感のようなものを感じたからでした。私は、「深さをもった演劇のまちづくり」と「ジェンダーギャップの解消」という旗を掲げ続けることにしました。

二〇二一年六月、先述の通り私は仲間たちと一緒に、一般社団法人豊岡アートアクションを立ち上げました。理事・監事は、漫画家、ミュージシャン、通訳、俳優、セノグラファー（舞台美術家）、コミュニティスペース管理人、洋品雑貨店経営者、企業経営者、公認会計士など多彩な陣容にし、理事一一名のうち七名を女性から選びました。「深さをもった演劇のまちづくり」をジェンダーギャップ解消の実践の場にしたいと考えています。その物語の行方については、機会があればまたいつの日にか。

まちづくりは、手紙を書いているようなものだと思います。その宛先は、子どもたちです。この本の終章に、やはり子どもたちとのことを書いておこうと思います。

中学生と向き合う

在任中、私は、毎年市内すべての中学校と高校で「小さな世界都市」について授業を続けてきました。

二〇一七年、山間にある但東中学校でのことです。こんな質問を受けました。

「失礼な質問になるかもしれませんが、お許しください。市長は、城崎や出石はよくPR

されていますが、竹野や但東のことはあまりされていないように感じます。但東も大切でしょうか」

真っすぐに私を見ていました。教室が緊張に包まれました。私もまた一気に緊張しました。全身全霊でその生徒に向き合わないといけないという張りつめた気持ちで、言葉を一言ひとこと選ぶようにして答えました。

「竹野も但東も、みんな素敵で大切です。でも、世界からは、豊岡は小さくてなかなか見えません。そこでまず、世界に目立つものから売り込むという作戦を展開しています。城崎に惹かれて豊岡に来てみたら、ほかにも素晴らしいところがたくさんあると気づいてもらおうというやり方です。但東は、今はまだ世界の人々からは見えないかもしれないけど、きっと良さを分かってもらえます」

それでも、正直、心に曇りが残りました。

帰庁後、幹部会議でそのときの模様を話し、自分がその質問を受けたらどう答えるか考えるように伝えました。

しばらくして、嶋公治教育長からメールが届きました。

「市長の話が気になっていたので、但東中学校に行ったとき、市長講話への生徒の反応について校長に尋ねてみました。質問した生徒は、『市長の口から、豊岡全体が大切だと聞いたときが一番嬉しかった。私は、但東のことを大人よりもっと調べて、ネットで但東のPRを徹底してやりたい』と感想文に書いていたそうです。それと、やり取りを聞いていた一年生の生徒が、『先輩のその質問にとても共感し、市長の答えですっきりした。但東のみならず、豊岡全体が好きになった』と述べていました。大丈夫、伝わっています」

伝わったのは、内容そのものよりも、向き合った姿勢だったのかもしれません。

子どもたちが教えてくれた

二〇二〇年、日本の各地で、新型コロナの陽性者がひどい誹謗《ひぼう》中傷を受けていた頃のことです。

市内公立小中学校の児童生徒で陽性が確認された場合、学校現場では、保護者や本人と十分話し合い、理解を得た上で、同じ学年の子どもたちには口頭で事実を伝えることにしていました。

学校の子どもたちに事実を伏せ続けるという選択肢もありました。しかし、クラスで長期に欠席する子が出れば、どんなに隠しても、子どもたちの間でおのずと事実や噂《うわさ》が広がります。「頭隠して尻隠さず」の状態になります。これは、情報管理としても、危機管理としても、極めてまずいやり方です。何よりも、その子にとって、登校後も同級生らに隠し続けることは、かえって心の大きな負担になります。

本人や家族には、自分を責める必要はないことを伝え、担任やスクールカウンセラーによる心のケアも行うことにしていました。

学校の子どもたちには、休んでいた子が出てくるときには、医師に「もう学校に行っても大丈夫」と言われてから来るので、感染の心配はないこと、悪いのはコロナであって、その子ではないことを伝えることにしていました。

実際に初めて児童の陽性が確認されたときの話です。

子どもに対する周囲の目を恐れる家族の気持ちを汲《く》んで、いったん学校は、休んだ児童が陽性であることは伏せておくことにしました。そのことを教育長から聞いて、私は再度検討してもらうよう依頼しました。危機管理の鉄則は、「逃げるな、隠すな、嘘つくな」です。

議論がなされ、陽性の児童の家族とも話し合いがなされました。

結果、学校を休んでいる子が陽性であったことが全校生に告げられました。

学校では、子どもたちによる話し合いが行われました。

学校の帰り道、道端の草花で花束を作り、休んでいる子の自宅に届けた子がいました。全員で励ましの手紙を書いて、放課後、その子の自宅の郵便受けに入れた学年もありました。

家族からは、安堵《あんど》と感謝の気持ちが伝えられました。

コロナに感染し、大きな不安を抱えて学校を休んでいた子どもたちは、仲間から届けられたメッセージに心が和らぎ、励まされて登校していきました。そして——。

子どもたちはどの学級でも笑顔で迎えられ、休憩時間、給食の時間、体育の時間も、以前と変わらず学校生活が再開されました。

学校長は、その経験を踏まえて教職員にこんなことを伝えました。

「人権教育、コロナに関する学習を重ねてきても、実際に身近にいる人が罹患《りかん》したときにこそ、人権意識が機能するか試されていると思います。それが機能したとき、居心地の良い学校、心豊かな子どもたち、住みよいふるさとであると証明できます」

感染した人も、多くは治癒して家族の元に、地域の中に帰ってきます。そのとき、傷つけ合った地域はどうなっているでしょうか。コロナ騒動もやがていつか収束するときが来ます。そのとき、「互いにここまでよく乗り切ってきたなあ」と皆で肩を叩《たた》き合うのか、それとも、気まずく目を逸《そ》らし合うのか。それが問われています。

嶋教育長の言葉を引用したいと思います。

「子どもたちは、大人たちが言うようにはしない。大人たちがするようにする」

子どもたちを信じ、全身全霊で向き合うこと。それが子どもたちに伝わり、子どもたちの行動を通じて、今度は私たち自身の姿が、鏡像のように私たちに跳ね返ってきます。

コロナ対策とは、まちづくりそのものであり、私たちが子どもたちのためにどのようなまちを創りたいのか、それが試されているのだと、私は思います。そのことを、子どもたちが教えてくれました。

高校生との約束

「中貝さん、約束通り、帰ってきます！」

市長を退任して七か月経った二〇二一年一一月下旬、自宅の生け垣の剪定《せんてい》中に、後ろから声をかけられました。彼女は自分の名前を告げました。

「あーっ！」

二〇一八年三月、市は、卒業する高校生にエールを送ろうと、「親から子へのサプライズ卒業式」という映像をユーチューブで公開しました。

映像の最後に流れるメッセージ。


「コウノトリのように、自由に羽ばたくときがやってきた」

「どこにだって行ける。なんにだってなれる」

「あなたが帰りたくなるまちを目指して。私たちも、このまちで頑張ります」

「卒業おめでとう。飛んでいけ」


それから少し経った頃、徒歩出勤中の私に、自転車の高校生が、「おはようございます」と声をかけて追い抜いていきました。ところが、しばらくして大急ぎで引き返してきて、私の前で止まりました。

「忘れ物？」

「いいえ、素敵な動画を作っていただいて、ありがとうございました」

「あ、今年卒業?」

「はい、大学に行くので、豊岡を出ます。でも必ず帰ってきます」

そう言うと、また方向を変えて、一目散に走り去っていきました。

そのときの生徒でした。

「来年春、教員になります。試験、受かりました。勤務地は、豊岡かどうかまだ分かりませんが、但馬です」

「ええ? あれからもう四年か。おめでとう、よかった、ありがとう」

うまく言葉になりませんでした。

若者たちに幸あれ。そう思わずにはいられませんでした。

彼女は、今、豊岡市内の小学校で教鞭《きょうべん》をとっています。

あのときの映像は、その後もじわじわと視聴回数を伸ばして、一二〇万回を超えています。

おわりに

「小さな世界都市」は、「深さ」と「広がり」が基軸であること、「深さ」とは、その地の自然、歴史、伝統、文化に根差すこと、「広がり」とは、世界をマルチ・ローカルと捉えて世界とつながることを意味すると述べてきました。

その「世界とのつながり方」について、最後に改めて触れておきたいと思います。

二〇一二年、私は韓国慶尚南道ラムサール環境財団の招きで、昌寧《チャンニョン》郡にいました。湿地としての水田の保全について意見交換し、ネットワークを作るためのシンポジウムに参加することが目的でした。

新潟県佐渡市長がトキのヒナ誕生の映像を流すと、会場に大きな拍手が湧きました。

豊岡のコウノトリのヒナ誕生の映像でも、目頭を押さえている人がありました。

韓国でも一度野外で絶滅したトキとコウノトリの野生復帰計画が進められていました。

シンポジウムの打ち上げで、突然スピーチを促されました。私は、とっさにこう言いました。

「水田は水を溜めます。溜まった水は地下に染み込み、やがて地下水となります。韓国の皆さんと私たちは、その地下水脈でつながっています」

同行していた市の職員から後でこんなことを聞きました。

「三人並んでいた韓国の女性たちが、地下水脈でつながっていると聞いて、涙を流していました。それを見て船越君（コウノトリ飼育員）も泣いていました」

地下水脈でつながる。

「小さな世界都市」の世界の人々とのつながり方は、それなのだと思います。

例えば豊岡のコウノトリ野生復帰の取組みは、空高く上って地球全体を見渡し、問題の重大さを認識して、再び地上に戻って自分たちの地域でできることをするという、地球温暖化対策のようなアプローチ、"Think globally, act locally."とは異なります。地球全体の生物多様性の危機を見て、触発されて豊岡でできることを始めたのではありません。私たちは、ひたすら自分たちの足元を掘ってきました。自分たちの地域の自然、歴史、伝統、文化をひたすら掘り続けていると、やがて地下水脈に行き当たり、その地下水脈を通じて、トキやコウノトリの野生復帰を進める韓国の人々のように世界の各地で自分たちの足元を掘り続けている人々とつながっていったのでした。

豊岡だけのことではありません。世界中のどの地にも、自分たちの地域の自然や歴史、伝統、文化を大切に思い、愛着を持ち、誇りを持ちながら、まちづくりを懸命に進めている人たちがいます。そのことに気づいたとき、自然も歴史も伝統も文化も、そしてまちづくりのやり方も互いに異なっているかもしれませんが、私たちは日本のどこからでも世界の人々とつながっていくことができるのだと思います。

豊岡出身の世界的冒険家・植村直己さんの冒険の特色は、単独行と先住民への徹底した敬意だと言われています。

仮にアフリカに生息する人間以外の生きものが北極圏でも生きていけるようになるためには、気が遠くなるような長い時間をかけて偶然の突然変異を積み重ねていくほかはありません。しかし、人間だけは、例えば針と糸を発明して毛皮を縫い、住宅を作って寒さに耐える文化を生み出すことによって、突然変異を待つことなく北極圏でも生きることを可能にしてきました。

極寒の地の伝統文化の中に、その地で生き残る知恵が詰まっているとすると、それを真摯に学ぶことが冒険の成功につながると植村さんは考えたのかもしれません。植村さんの足跡を辿ると、ローカルへの徹底した敬意を随所に見ることができます。

そうか、「小さな世界都市」を目指す私たちは、植村さんともつながっていたのか。そんな感想を持ちながら、この長い物語をひとまず終えることにします。


振り返るのはまだ早い気もするのですが、それでも執筆を終えるにあたって振り返ってみると、たくさんの人に感謝を伝えたくなります。


私をコウノトリ野生復帰の道に引きずり込んだ佐竹節夫さんと飼育員だった松島興治郎さんとの出会いがなければ、「小さな世界都市」の旅は始まらなかっただろうと思います。

コウノトリの郷公園の園長だった増井光子さんを事故で失い、研究部長だった池田啓さんを病で失ったことは大きな痛手でした。どれほどお二人を頼りにしていたか、痛みの大きさから分かります。

折に触れて、八《や》ヶ《つ》岳《たけ》から夜九時過ぎにワインを飲みながら電話をかけてこられて、一時間も二時間も延々と話をし、励まし続けていただいた柳生博さんは、野生復帰と私にとって最高の応援団長でした。

二〇二〇年六月、日本の野外のコウノトリが二〇〇羽に達したときも電話があって、「中貝さん、二〇〇羽だって！　すごいなあ！」と開口一番言われた声が、今も聞こえるようです。

「共に野生復帰を進めてきた増井光子さんと池田啓さんに知らせたい、とプレスに市長コメントを出しました」と言うと、「柳生博の名前が入っていないじゃないか」。

「だって、柳生さん、生きているじゃないですか」

「あ、そうか」

その柳生さんから三〇〇羽達成のお祝いの声を聞くことはありませんでした。

「この人は、まだ自分の価値に気づいていないようですね」と言って私の自己肯定感を育てていただいたのは、サル学の世界的権威・河合雅雄先生でした。コウノトリの飼育場を一緒に歩いていたとき、池田啓さんに話しかけられた言葉でした。「そうですね」と池田さんが頷いたことを覚えています。

二〇〇一年、旧豊岡市の市長になったとき、「あ、これでコウノトリが飛んだ」とおっしゃったと、後で池田さんから聞きました。

二〇二一年五月一四日、河合先生の訃報を聞いて、妻の良子さんに電話をしました。「河合は、とても心配していました。四月末の市長退任式の新聞記事を切り抜いて、花束を持っておられる手を見て、お釈迦《しゃか》様の手だと申しておりました。落ち着いたら会いに行こうと言っていましたのに、本人が逝ってしまいまして」

どこまでもやさしく、人を包み込むような方でした。

平田オリザさんの存在はとても大きいのですが、まだ一緒に活動をしている人ですので、平田さんにはまた後日、私が目をつぶる頃にでも感謝を捧げたいと思います。

当初はコウノトリのことしか頭にないように見えた政治家に期待し、応援し、代表として選び続けていただいた有権者の方々、私が見続けている「小さな世界都市」の方向を一緒に見て、目指していただいた市職員の皆さん、その他、いちいちお名前を挙げませんが、共に歩んでいただいた多くの方々に、心からの感謝を捧げます。

編集者の細川綾子さんとの対話からは、さまざまな気づきを得ることができました。あたかも植木が剪定されるのを待たずに自ら枝を整えていくよう促すがごとくに側からさりげなく声をかける技は、平田オリザさんの人を育てる技と通じるものがありました。その技に敬意と感謝を捧げます。校閲の方々にも心からの感謝を。その徹底したファクトチェックには心底驚きました。その他、印刷等この出版を支えていただいたすべての皆さんに心を込めて感謝を。皆さんは、アンサング・ヒーロー（歌われることのない英雄）です。

最後に、妻・尚子にも。これまで私が書くほとんどの文章の最初の読者は妻であり、最初の批評家も妻でした。今回も、グダグダと書き続ける私に、ここの意味が取れない、あそこのわけが分からないと、叱咤《しった》激励してくれました。市長を退いてから、一日中ほとんど二人三脚の妻に、心からの感謝を捧げます。

終章のはじめのあたりで、私は、「まちづくりは手紙を書いているようなものだ」と述べました。それに倣うと、この本は、豊岡も含め、各地で急激な人口減少と闘っている同志のような人たちへのエールの手紙のようなつもりで書きました。人口減少のもたらす結果は重苦しく、それへの対応は困難を極めています。しかしそれでも、人口減少との闘いは、ただ苦しいだけの仕事ではありません。日本の各地がローカルをベースに世界とつながることで輝きを取り戻し、「小さな世界都市」が各地に実現した姿を思い浮かべると、この仕事は、希望に満ちたやりがいのある仕事に見えてきます。そのことを伝えたいという思いから、この本を書きました。

お読みいただき、ありがとうございました。

二〇二三年五月

中貝宗治

中貝宗治（なかがい　むねはる）

一般社団法人豊岡アートアクション（ＴＡＡ）理事長。京都大学法学部卒業。大阪大学大学院経済学研究科経営学専攻前期課程（修士課程）修了。兵庫県議会議員を三期務め、二〇〇一年豊岡市長に就任。五期務める。現在は演劇を観光・教育・福祉などの分野に活かすことで豊岡のまちづくりに関わる。演劇的手法を活用して認知症の方とともに暮らすコミュニケーションのあり方を提案し、ＴＡＡが第一回岩佐賞を受賞。

なぜ豊岡《とよおか》は世界《せかい》に注目《ちゅうもく》されるのか

集英社新書一一七〇B

二〇二三年六月二一日　第一刷発行
二〇二四年三月一七日　第三刷発行

著者……中貝宗治《なかがいむねはる》

発行者……樋口尚也

発行所……株式会社集英社

東京都千代田区一ツ橋二-五-一〇　郵便番号一〇一-八〇五〇

電話　〇三-三二三〇-六三九一（編集部）
〇三-三二三〇-六〇八〇（読者係）
〇三-三二三〇-六三九三（販売部）書店専用

装幀……原　研哉

印刷所……大日本印刷株式会社　ＴＯＰＰＡＮ株式会社

製本所……加藤製本株式会社

定価はカバーに表示してあります。

ISBN 978-4-08-721270-9 C0230

a pilot of wisdom